JN411545

풍경소리

풍경소리

신현애 수필집

정은출판

| 작가의 말 |

책을 내며

안개비가 자욱하게 내리고 있는 아침이다.

어느 사이에 계절은 송홧가루 날리는 봄의 중턱을 넘어 산과 들이 녹음綠陰으로 우거져 있다. 지난겨울은 예년에 없던 혹한이라고 했지만 추위를 느끼지 못하고 보냈다. 마치 퍼즐 맞추기를 하는 것처럼 조각글을 붙였다 떼었다를 반복하며 보낸 시간은 나만의 오붓한 시간이었다. 농부가 대지를 경작하는 일이 힘이 들듯이 어설픈 글을 쓴다고 발부리를 살펴보고 마음 밭을 일구는 일 또한 간단하지만은 않았다.

그러나 “아무리 서툰 글이라도 한 줄, 한 문장을 써가면서 자기 위안과 자기 성찰을 하는 가장 건실한 작업이다.”라고 한 선배 작가의 말씀에 기대어 보며 어설픈 글을 모아 한 권의 책으로 묶었다. 안 보여도 될 곳을 보이는 마음이 조심스럽기만 하다. 그동안 지도해 주신 충북대 평생교육원 김홍은 교수님 감사합니다. 그리고 함께 공부한 문우님들, 사랑하는 가족, 도움을 준 친구들에게 고맙다는 말씀을 드립니다.

2018년 5월의 끝날에

청원(青原) 신 현 애

차례

1부_ 풍경 소리

2부_ 그리운 정

3부_ 어머니의 인생에 오라버니는 화분이었다

4부_ 더울 때는 더위가 되고 추울 때는 추위가 되라

5부_ 밥 짓는 연기가 굴뚝마다 피어오르는

6부_ 어느 하루

1부

풍경 소리

풍경 소리

이른 아침이 희붐하게 안개에 묻혀 있을 때 별러 오던 낯선 걸음을 하려고 단양행 버스에 올랐다. 북적거리던 매표구 앞과는 달리 버스 안은 번호표대로 앉지 않아도 될 만큼 빈자리가 많았다. '기도를 하면 이루어진다.'는 희망을 안고 영험하다는 고찰古刹을 찾아가는 중이었다. 문득, 어렸을 적 어머니 손을 잡고 동생과 함께 나룻배를 타고 갔던 이모님 댁이 떠올랐다. 건너편 깊은 산속 옛 절, 산중턱에서 어둠을 뚫고 아스라이 들려오던 풍경 소리. 산 계곡 어느 골에서 흘러내리는 물처럼 맑고 은은하게 울려 왔다.

'뎅그렁, 뎅그렁 바람 따라 풍경이 웁니다. 마음 속 깊은 적막. 아~ 쇠도 혼자서 우는 아픔이 있나 봅니다.' 어느 시인의 시 한 구절이다. 풍경의 묘한 울림이 고즈넉한 산사의 정경을 담아내기 때문일까. 끊임없는 고행이 계속되는 정진 속에서도 사람들은 마음을 닦고자 산사山寺를 찾는다. 도식적인 일상을 벗어 버리고 훌쩍 떠난다는 것이 쉽지는 않았는데, 막상 버스에 오르고 보니 망설이던 것과는 다르게 무엇인가 신기루가 있을 것만 같은 기분이었다. 그때 나는 삶의 쉼표가 필요했었다.

좋은 집안, 명문 대학을 나온 사람. 결혼식 날을 잡아놓고 시아버님 산소에 다녀오는 길에 바라본 하늘은 높고 푸르렀다. 저녁노을에 하얀 새털구름이 선홍색으로 물들어가고 있었다. 포장되지 않은 길옆에 피어 있는 분홍, 다홍, 하얀색의 코스모스는 왜 그렇게 살랑거리던지. 나를 축복해 주는 것 같았다. 결혼식 때 다녀가신 친정 작은어머니는 시댁 뒤란의 담장 아래 넓은 장독대와 가지런하게 놓여있던 크고 작은 항아리들, 정원의 많은 나무를 보고 단번에 알아 내셨다. 부귀한 집안의 내력을. 고향에 돌아오셔서는 '조카딸 시집 잘 갔다'고 몇 번이고 말씀하셨단다. 어머니도 마음을 놓으시며 안도하시는 모습이셨다고 들었다.

시할아버님은 조선시대 당상관이라고 하는 통정대부(정3품) 임명장을 받으셨던 분이고 아버님은 한학을 하신 분으로 서산전기주식회사를 설립하시고 도의원을 지내셨다. 한의원을 운영하시면서 훌륭한 일을 많이 하셔서 지금도 고향에서는 역사에 빛나는 인물 사전에 등록되어 있으시다. 벼슬과 부를 이루신 분에게 조물주는 모두 갖추어 주기가 싫으셨을까. 금부처를 보시하면서까지 일구월심 정성을 들였다던 염원. 대하소설 '토지'의 서희 할머니 생각이 났다. 뒤 곳간에 쌓인 재물과 집 앞으로 보이는 넓게 펼쳐진 평야의 전답이 조상대대로 내려온 것이지만 '자손'이 귀한 가문이었다.

어머님의 잡았던 손을 놓고 가야 하는 길. 내가 살아가야 할 길, 그 길은 오롯이 나 혼자 걸어가야 할 좁은 길이었다. 파도가 일면 밀리기도 하고, 휩쓸려 버릴 것만 같은 세파世派는 머리를 가눌 수가 없었다. 미명을 물리치며 법당으로 향하던 새벽. 풀벌레 울음으로 흔들리는 밤에, 조상님도 풀지 못한 업장을 소멸시켜 달라고 기원하였다. 나도 지인이 첫 농사를 지었다고 먹어 보라며 가져온, 올 익은 햅쌀을 한 톨 건드리지 않고 부처님께 봉양해 올렸다. 억 겁의 인연 앞에 애송이 인생 초보자는 '내게 지워진 삶의 무게를 덜어 달라'고 가파른 언덕 위에 있는 산신각에 등불을 켜고 합장을 하며 빌고 또 빌었다. 이리로 가면 될까 저리로 옮기면 이룰 수 있을까 수없는 발걸음을 재촉하며 애원하였다. 기다림과 한숨, 여러 가지 많은 방법을 해 보았지만 허공의 메아리처럼 답답한 가슴에 시원한 해답의 소리는 들려오지 않았다. '견뎌 내라', '살아 내어라', '네가 짊어져야 할 짐'이라고 돌계단을 내려올 때 들리던 풍경 소리는 아득하기만 하였다.

이제는 저만치 멀어져간 지나온 날들. 무너지던 마음. 지난하게 애 끓이던 갈망의 시간은 속절없이 흘러갔다. 내 인생의 타락줄을 놓치지 않으려고 온 힘을 다한 세월이었다. 시간이 멈춘 듯 적막이 내려앉은 새벽에 '깨어 있으라.'고 등에 내려치던 죽비 소리에도 들리지 않았던 풍경 소리. 몇십 년이 지난 지금, 중생들의 아픔을 위무하듯이 만등卍燈이 꺼진 산사에서 '집착하지 말라'는 풍경의 울음소리가 고요를 뚫고 들려온다.

낚시

시원하게 쏟아지는 폭포 아래 한 남자가 낚싯줄을 던진다. 강물 위로는 힘차게 송어가 솟아오른다. 윈슬로 호머의 작품 '폭포, 애디론댁 산맥'에서 시선이 멈추었다. 화가는 절묘한 자연을 조화롭게 한 장의 수채화에 담아내고 있다. 거칠고 광활한 대자연大自然 속에서 다듬어지지 않고 길들여지지 않은 자유를 만끽하며 홀로 낚시를 하는 남자의 유유자적한 삶. 막혔던 가슴을 뚫어 주는 것 같은 통쾌함이 부럽고 매력적으로 보인다. 한 편의 미술작품을 대하노라니 옛일이 되어버린 그 시절이 생각난다.

젊은 날, 남편은 낚시에 빠져 지낸 적이 있었다. 즐겨 보던 외화도 멀리하고 하나둘씩 낚싯대를 사 모으기 시작했다. 어느 날 지하 창고에 내려가 보니 창고 한쪽 벽면이 낚시 도구로 가득 채워져 있었다. 시도 때도 없이 낚시 이야기만 했다. 누가 낚시라는 말만 던져도 신명이 나서 대화를 주도했다. 한밤중에 잠을 자다가 찌를 드리우는 행동을 하는가 하면, 환성을 질러 놀라 깨어보면 고기를 낚는 시늉을 하기도 하였다. 나는 주말이면 운동 경기장을 함께 가서 관람하기를 원했고, 음악회나 연극 공연을 같이 가기를 기대하였지만, 남편은 낚시에 푹 빠져 있었다. 취미를 갖는 건 바람직하다. 하지만 짜여진 생활 속에서 잠시 기분전환을 하고 휴식을 겸한 것이어야 한다는 것이 나의 생각일진대 남편의 낚시 취미는 도를 넘었다.

어쩌다 이웃으로부터 붕어 몇 마리 얻어먹을 때는 참 맛이 있었다. 그런데 주말마다 방수망에 가득 담아 오는 크고 작은 물고기들을 보면 우선 질려 버리고, 밤늦도록 물고기 배를 따고 비늘을 긁어 손질을 하려면 짜증이 났다. 가끔 평소보다 조금 더 큰 것을 잡아 오는 날에는 저만치 동네 입구에서부터 집집마다 들러, 혁혁한 공을 세우고 돌아오는 장군처럼 큰 목소리로 자랑을 하며 들어오곤 하였다. 어떤 날은 어망에는 붕어 몇 마리뿐인데 놓친 고기는 팔뚝만 하다고 하고, 그 말을 가만히 듣고 있자면 놓쳤다는 고기의 크기는 점점 커져 갔다. 한번은 이런 일도 있었다.

어느 날 무심코 방문을 열던 난 기함을 토했다. 방바닥에 꾸물꾸물 움직이는 괴상한 물체들을 보고 가까이 가서 들여다본 나는 놀라 넘어질 뻔하였다. 지난밤, 남편이 낚싯대를 만지며 낚시 도구 일체를 방에 들여놓았었다. 그런데 미끼로 쓰던 구더기들이 열린 통에서 굼실굼실 기어 나오고 있는 중이었다.

익숙한 솜씨로 떡밥을 주무르고 지렁이도 태연하게 만지는 남편의 손, 밤낚시를 하고 첫새벽에 들어올 때는 머리에 송알송알 이슬을 이고 왔다. 등에 메고 온 낚시 가방의 무게는 어찌나 무거운지 나로선 들 수조차 없었다. 장화를 신은 발에서는 코를 찌르는 냄새에 질식할 것만 같았고 꾀죄죄한 행색은 말이 아니었다. 태양이 뜨겁게 내리쬐는 여름날, 땡볕에 우두커니 앉아 찌의 움직임만을 하염없이 바라보는 일은 내가 보기에는 고행이나 다름없었다. 하고많은 취미 생활 중에 하필 "지저분한 낚시를 해요?" 하고 무척이나 못마땅해하였다.

돌아보면 옛이야기 같기만 하다. 생각해 보면 남편이 가장 희열에 차 있던 시절이기도 했다. 그때 나는 뭐가 그리 바쁘던지 한 번도 동행하지 못했다. 지금 생각해 보니 후회가 된다. 시간을 되돌릴 수 있다면 좋겠다. 그러면 즐거운 마음으로 낚시 가방을 들고 따라나설 것이다. 남편이 찌를 드리우면 나는 한옆에서 매운탕을 끓일 준비를 할 거다. 손가락 사이로 빠져나간 물살 같은 지나온 시간을 이야기하면서….

그림 속의 낚싯줄을 힘껏 던지는 멋진 사나이는 남편의 모습일 수도 있었다. 그런데 낚시에 열광하던 남편의 정열은 이미 식은 지 오래되었다. 왜 뒤늦게야 깨닫게 되는 것일까?

남편이 낚으려 했던 것은 고기만이 아니었을 것이다. 긴 여행에서 멀미를 하듯 수면에 비치는 하늘을 보며 가뭇한 세월의 그리움을 떠올리며, 수초 사이로 숨바꼭질하는 붕어와 흘러가는 흰 구름과도 친구 하였으리라. 어쩌면 심드렁한 일상을 체념한 패를 던지듯이 낚싯줄을 던졌을 것이고, 한 마리 붕어를 낚아 올리듯이 순간의 일탈을 꿈꾸었을지도 모른다. 얼음장 밑으로 흐르던 물이 녹아내리고 출조出釣하기 좋은 계절이다. 할 수 있다면 의기양양하던 남편의 낚시하는 모습을 다시 한 번 보고 싶다.

공인중개사

삼십오 년 전의 일이다. 그때 부동산으로 인한 사회적 폐단으로 공인중개사 제도가 처음으로 시행되었다. 부동산을 사거나 팔아본 적이 없고 공부의 방법이나 출제 방향을 전혀 모르는 상태에서 시작한 시험 준비는 막막하기만 하였다. 그 당시 장차 진로가 유망하다는 '공인중개사' 자격증의 열풍은 대단하였다. 텔레비전 광고에서는 미국의 부통령도 이 자격증이 있다고 하였다.

우수한 기업의 중견 자리까지 내려놓고 도전하는 이가 있었고 갓 대학을 나온 패기 어린 젊은이들의 도전도 많았다. 그때 무료한 시간을 보내던 나는 생활상식이나 부동산 정보라도 얻어 보려고 할부로 책을 샀다. 기본 교재가 12권이나 되는 책에는 민법, 공법을 비롯하여 세분화한 수많은 법과 조례가 있었다. 국토이용법, 세법, 공인중개사법과 용도지역, 건폐율 등 두꺼운 법전은 모두 한문과 이해할 수 없는 법률용어로 되어 있었다. 생전 들어본 적이 없는 법조문은 읽어내기조차 어려웠다. 몇 장을 넘겨 보다 결국 책을 덮고 할부 외판원에게 돌려주렸더니 받기를 꺼려 하여 그냥 몇 날이 지나갔다.

그러다 어느 날 남편과 리듬이 안 좋던 날인가 보았다. 출근하던 남편이 한마디를 툭 던졌다. '공인중개사 시험에 합격하면 손에 장을 지지겠다.'고. 그 말을 듣는 순간 나는 주저앉듯이 소파에 앉았다. 언젠가 영화에서 본 지구가 처음 만들어지던 날, 온 천지를 뒤덮는 굉음과 짙은 어둠은 혼의 지축을 흔들어 놓았던 장면이 떠올랐다. 부부가 살다 보면 좋은 말만 하고 살 수 없고 충돌이 있을 수 있지만 그날 남편의 말은 나를 송두리째 펄펄 끓는 용광로에 빠뜨려 버렸다. '어떻게 이 난관을 헤쳐 나갈까?' 정신을 가다듬으며 결코 이대로 갈 수는 없다는 결론에 이르렀다. 그러나 오랫동안 손에서 책을 놓았던 삼십 대 초반의 아줌마가 도전하기는 너무나 큰 산이었다.

아침에 남편이 출근하면 나도 도시락을 두 개 싸서 도서관과 대학교 빈 강의실을 찾아갔다. 매일 두 곳의 학원을 섭렵하며 코피를 쏟아가면서 공부에 열중했다. 여름날 푹푹 찌는 더위와 발목까지 빠지는 눈 쌓인 겨울밤에도 계절은 나와 관계없이 지나갔고, 때로 감정에 치우쳐 마음의 중심이 흔들릴 때도 있었지만 밤 열 시가 넘은 시간에 물먹은 솜처럼 지쳐 집에 올 때 남편이 한 말을 생각하면 정신이 번쩍 났다.

사람에게 있어서 인생의 목표는 원대한 꿈과 희망으로 정해져야 하거늘 그날 나는 순전한 오기로 인생의 목표가 정해졌다. 어쩌면 '공인중개사'는 나와 필연이었을까. 비록 마음은 다졌지만 머릿속은 새로운 법률용어와 법조문을 익히기에 쥐가 날 정도였다. 시시때때로 엄습해오는 압박감, 경쟁에서 이겨야 하고 무참하게 밟힌 나의 자존감을 회복해야겠다는 일념은 또 나를 괴롭혔다. 그리고 명치끝에 박혀버린 남편의 말은 낮에는 나를 곧추세우느라 힘들었고 밤이 되면 더 아파왔다. 그럴 때마다 '시험에 안 되면 남편과 이혼을 한다.'는 각오를 하고 이를 물었다. 살아오면서 그 순간처럼 위기감을 느껴본 적은 다시 없었다. 몇 번을 포기하고 싶은 시간을 보내고 더 이상은 할 수 없다는 지점에 이르렀을 때 시험을 보았다. 출구가 보이지 않을 것 같던 긴 터널에서 간신히 빠져나온 느낌이었다. 그 해 방감에 마라톤 선수가 완주를 하고 났을 때처럼 쓰러지듯이 바닥에 누워 버렸다. 오랜만에 보는 하늘은 높고 푸르렀다. 며칠 뒤에 드디어 도청 게시판에 합격자 명단이 게시되었고, '합격'을 확인한 후 나는 아무 말 없이 지냈다. 그때 마침 남편의 고등학교 동창 부부 모임이 있다는 연락이 왔다. 십이월 송년회를 겸한 것이어서 고급스러운 음식점으로 정한다는 내용이었다.

그날 나는 작심을 하고 갔다. 회식이 시작되어 분위기가 무르익어 가고 회장님 말씀이 끝날 즈음에 손을 들고 "저에게 잠시 시간을 주세요."라고 말하였다. 그리고 그동안의 자초지종을 이야기하며 "여러분은 오늘 희귀한 구경을 하시겠어요."라고 말을 하였다. 그때 남편은 얼떨떨해하며 우물쭈물하고 있는데 좌중에서는 "지져. 지져야 하겠네." 하는 말들이 들려왔다. 탄성과 웃음소리도 들리고 "사과하라.”는 말도 들려왔다. 그런데 기가 막힌 일은 나를 두 해 동안 사로잡았던 말을 한 남편은 그날의 일을 까맣게 잊고 있었다는 거였다. 주저하던 남편은 축하의 샴페인이 터지자 “미안하다.”는 말을 하였다. 그렇게 내 인생 공인중개사의 길은 시작되었고, 청춘의 좋은 시절이 ‘공인중개사’와 함께 흘러갔다. 오늘도 책장 위에 걸어놓은 액자 ‘자신을 깨우는 것은 오직 자신뿐이다.’라는 휘호揮毫가 나를 보고 있다. 도전정신으로 스스로를 담금질하던 많은 시간들이 흘러갔다. 공인중개사로서 울고 웃던 지나간 날들에 결코 후회는 없다.

가슴을 울린 손가락

조선시대 왕 숙종은 장희빈의 긴 손가락과 가녀린 손에 매료되었다고 한다. 예나 지금이나 손가락은 여성의 고운 모습에서 빼놓을 수 없는 신체의 일부분이다. 뽀얗고 긴 손가락 끝으로 이어지는 손톱은 남성들에게 설렘을 준다고 한다. 봉숭아 꽃물을 들인 여인의 손에서는 어린 시절을 떠올리게 하고 고향의 옛 동네를 그리워하게도 한다. 그래서일까? 요즘은 손톱 치장술들이 대단하다. 손톱이 마치 화선지라도 되는 양 계절과 장소에 맞는 무늬와 채색으로 미용의 한 분야를 당당히 차지하고 있다.

예쁘게 치장한 손은 여인을 한결 돋보이게 한다. 내 주변의 한 여인은 며칠마다 다른 색조의 매니큐어를 바르고 내가 운영하는 공인중개사 사무실에 나타난다. 바쁜 중에도 손에 쏟는 정성이 대단하다. 어느 날은 작은 하트 무늬를 손톱에 그려 넣고 와서 손을 흔들면서 자랑스럽게 보여 준다.

한번은 계약서를 작성하는 내 손을 한옆에서 바라보고 있던 그녀가 나에게 말했다. "손 관리를 하지 않는가 봐요?" 곱게 다듬어진 손톱을 보면 깔끔함이 느껴져 많이 부러워하던 참이라 순간 나의 손이 부끄럽게 느껴졌다.

얼마 전 이희아 양 피아노 독주회에 다녀왔다. 나라의 경제가 어려울 때 희망을 주제로 마련한 공연이었다. 알다시피 그녀는 손가락이 네 개뿐이다. 그녀는 짧은 다리로 걸어 나와서 인사를 하고 피아노 의자에 간신히 올라앉았다. 그녀는 네 손가락뿐인 손으로 피아노 건반을 물결처럼 유유히 때로는 힘차게 두드리며 연주하기 시작했다. 분노인 듯 평화인 듯 음악은 곡선을 탔다. 깊어가는 어둠 속에서 흐느끼듯 멜로디를 펼쳐놓는가 하면, 악조건인 신체의 결함을 이겨낸 절규이듯 악상을 온몸으로 표현해냈다. 그녀의 손가락으로 연주한 곡들은 감동을 넘어 위대한 인간 승리 그 자체였다.

그런데 나는 또 다른 손을 보았다. 간절하게 모은 한 여인의 두 손을. 다름 아닌 그녀 어머니의 손이었다. 커튼이 가려진 무대 한편에서서 연주하는 그녀를 바라보는 한 여인의 깍지 낀 손가락을. 이희아 양의 손가락과는 또 다른 손가락이 감동으로 다가왔다. 두 시간의 연주를 마칠 때까지 어머니는 자리에 앉지 않고 한 음도 놓치지 않고 듣고 있었다. 희아 양의 연주는 처음부터 끝까지 어머니의 손가락과 하나가 되어 연주되고 있음을 느낄 수 있었다.

그날 희아 양 어머니의 모습은 피아노 연주 못지않게 또 하나의 악기가 되어 큰 감동으로 다가왔다. 가스펠의 '어메이징 그레이스'와 쇼팽의 '즉흥 환상곡'을 연주할 때는 숨소리조차 들리지 않다가 곡이 끝나자 인간 승리의 노력과 열정에 우레와 같은 박수가 터져 나왔다. 앙코르 연주까지 마치고 모녀는 손을 잡고 무대 인사를 하였다. 보통의 생각을 하고 살아가는 사람들은 네 개의 손가락으로 피아노를 친다는 건 생각하기 힘든 일이다. 그럼에도 고되고 힘든 삶의 길을 모녀는 선택하여 해낸 것이다.

사지백체四肢百體가 정상임에도 이 세상을 살아가기가 녹록치 않은데, 불구인 아이를 낳고 키우면서 불굴의 노력으로 장애를 극복하고 음악가로 만들어 내기까지 인내하며 참고 견디어 내었을 어려움을 생각하니 연주를 듣는 내내 주체할 수 없는 눈물이 볼을 타고 흘러내렸다. 나는 이희아 양의 어머니를 꼭 만나 보고 싶었다. 그녀를 가까이서 보고 말을 하면서 위대한 그녀의 손을 잡아 보고 싶었다.

두 모녀를 보려고 쏟아져 나가는 인파를 피하며 한편에 비켜 서 있었다. 드디어 그녀의 어머니를 만날 수 있었다. 무슨 말이 필요하랴. 아직 멈추지 않은 눈물을 닦으려 할 것도 없이 그녀의 손을 한참 꼭 잡고 있었다. 그녀의 손가락은 뭉툭하고 아무런 치장도 되어 있지 않았다. 희지도 가녀리지도 않았다. 그녀의 삶이 그대로 스며 있는 손이었다. 예쁘게 다듬어지지 않았지만 이제까지 내가 보아온 어떤 손보다 예쁜 손이었다. 영혼 깊숙이 느껴오던 손, 가슴을 울린 손가락의 느낌을 오래 잊을 수 없을 것 같다.

첫사랑

오월의 이맘때쯤이었다. 빳빳하게 풀 먹인 교복 칼라에서 소녀들의 웃음이 반사되어 울려 퍼지던 봄. 아카시아 꽃향기가 교정에 그윽하던 날, 우리 학교에 선생님 한 분이 부임해 오신다고 했다. 어떤 분일까? 우리들은 새로 오시는 선생님이 갖고 올 신선한 기대감으로 술렁이었다. 누가 입수한 정보인지 그분은 서울에서 대학을 나오셨다고 하였다. 먼저 새로운 소식을 알고 전하려고 창문을 열고 고개를 내밀었다. 다른 친구들은 옆 반을 기웃거리기도 하였다. 서로의 얼굴을 보며 궁금증으로 웅성거릴 때, 수업 시작을 알리는 종이 울렸다. 그때 복도 끝에서 우리 교실 방향으로 교무 선생님과 그 옆에 낯선 분이 함께 오고 계셨다. 느낌으로 새로 오신 선생님 같다고 생각하고 "키가 크시다."는 말을 뒷자리 친구에게 이야기하고 나는 의자에 앉았다.

부임 인사를 하려고 교실에 들어선 두 분. 교무 선생님이 소개를 하셨다. K대를 나오시고, 전임 학교와 간단한 약력을 말씀하시며 소개받은 선생님이 인사를 하고 있을 때다. 나는 두꺼비를 그려 옆자리 친구에게 준 것이 앞자리로 가고 그림을 본 아이들은 '큭큭~ 크윽큭 ~ 훗훗' 잠잠하던 교실에 웃음소리가 났다. 소리의 진원지가 나라는 사실을 아신 교무 선생님은 "신현애 이번 시간 끝나고 교무실로 와." 하는 말씀을 남기고 나가셨다. 장난기로 익히 이름이 알려져 있어 새로 오신 선생님에게는 참한 모습을 보이고 싶었는데 안 되었다.

그렇게 첫 대면이 있은 뒤 선생님은 내가 교무실에 들를 일이 있을 때면 언제든지 나를 불러 세워 무슨 말씀이든지 하시고, 때로는 잔일을 시키기도 하셨다. 그때만 하여도 서울이란 곳은 사춘기 소녀들에게는 동경의 도시 이름이었다. 서울에서 대학교를 나왔다는 말에 우리는 선생님이 온통 서울이란 지역을 모두 들고 온 것처럼 관심이 집중되었다. 내가 느낀 선생님의 첫 인상은 도회적 세련미보다는 가을나무 같은 분위기가 있었다. 공부시간에 가끔 한 번씩 하시는 위트 있는 말씀은 우리들의 폭소를 자아내게 하셨다. 때로 나는 답변하기 곤란한 질문으로 선생님을 당혹스럽게도 하며 웃음거리를 만들어 내었다. 그러면서도 선생님 시간이 은근히 기다려졌다. 그러는 나에게 고향에 "또래의 조카가 있다."고 말씀하셨던 선생님은 얼마 있지 않아 다른 학교로 전근을 가시고, 우리들은 진학 문제와 진로 상담으로 물여울처럼 자신들의 일에 골몰하여 갔다. 그런데 이상한 것은 선생님이 떠나간 운동장은 공허했고 가슴 한 곳에는 뻥 뚫린 구멍이 생긴 것 같았다.

고향을 떠나 객지에서 공부를 마치고 직장생활을 하였다. 저녁 퇴근길, 서녘 하늘에 붉은 노을이 지는 것을 볼 때면 문득 어릴 적 친구 생각이 나고 선생님 생각도 났다. '선생님은 어느 하늘 아래 계실까?' 몇 년 후 고향으로 내려오라는 어른들의 말씀에 집에 와 있던 어느 날, 친구가 "그 선생님 보았어." 하는 순간, 가뭄에 단비 내리는 소리처럼 귀가 번쩍 뜨였다. 지난 일들이 아슴푸레 떠오르기도 하였고 꼭 한번 만나 뵙고도 싶었다. 근무지를 알음알음으로 알고 친구와 함께 찾아간 날은 방학 중이라 메모만 남기고 돌아왔다.

몇 날이 지나고 전화벨이 울렸다. 수화기를 통해 들려오는 놀라움과 반가움이 섞인 목소리, "기억 나. 한번 놀러 오렴." 짧은 몇 마디의 말이 오고 갔지만 나의 가슴은 풍랑을 만난 파도처럼 일렁거렸다. 두근두근하기도 하고 어떻게 변하셨을까, 궁금하기도 하였다. 그리고 며칠 후 방문을 했다. 학교 가까운 곳에서 하숙을 하시던 선생님 방은 옛날에 본 것과 다름없이 체크무늬의 커다란 가방 두 개와 책상 위에 찻잔이 가지런하게 놓여 있었다. 지나간 많은 이야기들을 나누며 시간 가는 줄 몰랐다. 그런데….

늦게 안 사실이다. 아직도 결혼을 안 하셨단다.

그 후 선생님은 가끔 전화를 하셨다. 어느 때는 좋은 영화가 들어왔다고 함께 관람하자고 하시기도 하고, 삼월 달 이동이 되었다며 다른 학교로 발령이 났으니 같이 가 보자고 연락이 왔다. 만나서 식사 때가 되면 선생님은 먼저 술을 드셨다. 무슨 고민이라도 있는 것처럼 혼자서 잔을 비우고 채우면서. 그런 일이 몇 번 있은 후였다. 어느 날 퇴근하고 집에 오신 큰오빠는 굳은 표정으로 나를 부르셨다. "이 사람 누구냐?"며 주머니에서 꺼내 보이는 겉봉투의 뒷 주소에 선생님 이름이 있었다. 무슨 일인지 나도 의아한 표정을 짓자 "읽어 보라."고 하였다. 아마 선생님은 나를 마음에 두고 계셨나 보았다. 장문의 편지가 날아온 뒤 밤늦도록 어머님과 두 오라버님들의 긴 이야기가 있었다. 때로 오라버님들의 언성이 높아지기도 하였고, 어머님의 방문을 '탁' 닫고 나오는 소리가 들리기도 하였지만 나는 선생님과의 토요일 약속이 기다려졌다. 어른들의 입장에서는 결혼이라는 것이 쉽게 결정지어지는 것이 아니었던가 보았다. 그 시절 나도 결혼할 상대자의 이상형을 나름대로 세운 터였지만 그런 것은 하나도 생각나지 않았다.

어느덧 많은 시간이 흘러갔다. 아스라한 기억 속의 그날은 미래에 펼쳐질 새콤달콤할 것 같은 날에 대하여 많은 꿈을 꾸었다. 신혼 시절 학교 앞에 있던 집에서 출근한 남편은 쉬는 시간만 되면 집을 바라본다고 하였고, 나도 저녁이면 돌아올 사람을 무척이나 기다렸다.

이제는 염색약을 서로에게 건네주면서 비슷한 모습으로 늙어가고 있다. 오늘 같은 날, 어디선가 읽은 '여인은 추억을 먹고 산다'고 한 구절이 기억 속에서 영상처럼 스치고 지나간다. 학교 교정에서 날리던 아카시아 꽃잎과 향기가 바람에 실려 오면 풋풋했던 첫사랑의 지나간 날이 가슴속에서 되살아난다.

목마름

아래층에 사는 집의 초등학교 2학년생인 아들이 상을 타 왔다고 한다. 신체장애가 있는 친구를 도와주었다는 친절 봉사상이라고 했다. 말을 하고 있는 아이 엄마의 얼굴에 부듯한 기쁨이 배어 있다. 상을 타는 마음은 다 그렇겠다는 생각이 들었다. 요즘에는 내가 어렸을 적에는 들어본 일이 없는 상의 종류가 많다. 숙제 잘해 온, 다독, 차茶 문화예절, 교통안전 글짓기, 조사 수집, 언어, 탐구, 인물 탐방 부문 등 교내에서뿐 아니라 교외에서 단체장이나 각종 대회에서 주는 상의 분류는 이루 헤아릴 수가 없다. 아마도 아이들의 자존감을 세워주려는 것이리라.

예전에는 우등상, 개근상 또는 방학 동안 과제물을 잘해 왔으면 주는 것이 상의 전부였던 것으로 기억된다. 학교 다닐 때 나는 개근상은 맡아 놓고 탔다. 성적 우수상은 한 번도 타본 적이 없던 내가 뒤늦게 공부하고 싶은 마음이 생겼다. 간절한 아쉬움은 날로 더하여져 잠을 자는 중에도 학교 운동장에서 단발머리를 하고 놀고 있는 꿈을 꾸었다. 내게 공부에 대한 열망은 그렇게 더운 여름날 타는 목마름처럼 다가왔다.

몇 번을 망설이다 드디어 용기를 내어 1997년 한국방송통신대학교에 입학원서를 넣었다. 합격 통지서를 받고, 교과서를 담을 가방과 필기도구를 사니 처음으로 학교 문을 들어서는 어린아이처럼 새로운 기대로 가슴이 설레었다. 물 건너온 중고 녹음기도 사고, 운동회 날 이어달리기에서 넘겨받은 배턴을 놓치지 않으려고 움켜잡듯이 각오를 단단히 하였다. 사십 대 후반의 아줌마로, 나의 일을 하면서 나름대로는 하루하루를 열심히 살았다. 그럼에도 허기진 배고픔처럼 채워지지 않던 마음이 책상 앞에 앉으니 비로소 편안하여졌다. 멀리 둘러온 길, 저녁이면 방송강의를 듣다가, 탄 내가 나는 찌개냄비를 식탁 위에 올려놓고 남편의 눈치를 살펴야 했고 일요일인데도 아이와 놀아주지 못하고 도서관으로 향하는 마음이 편치 않았다.

어느 날 공인중개사인 내가 사무실 일정을 잊고 출석 수업을 받고 있을 때였다. 사무 보조원이 "중도금 날짜"라고 볼멘소리를 하며 한 무리의 고객과 함께 학교 앞으로 오기까지 했다. 지금 생각하니 미안한 마음뿐이다. 그런데 미치면 그런가 보다. 한 가지도 잘하는 것이 없는데 목마름을 풀고 싶은 마음에 다른 것은 여벌이었다. 출석수업 날이면 배움에 굶주렸던 학우들과의 만남은 고향친구를 본 것처럼 반가웠다. 대학이라는 꿈의 산실에서 맡아지던 학문의 향기, 도서관은 내가 만난 것 중에서 가장 넓은 우주였다. 서고의 쾨쾨한 묵은 냄새는 청정자연 숲속의 산소처럼 느껴졌고 본교에서 오신 교수님의 특강이 있을 때는 앞자리를 놓치지 않으려고 새벽부터 학교에 갔다. 항상 영상매체로만 뵙던 그리운 교수님의 열정 어린 강의는 마른 논에 물줄기처럼 앎의 영혼을 적셔주었다. 깊은 지하의 심층수를 마신 느낌으로 새롭게 배우고 얻은 지식으로 등나무 그늘에서 이야기를 주고받으며 먹는 점심 도시락은 맛이 더 있었다.

중간고사 시험을 준비할 때는 아침 일찍 독서실 깊숙한 자리를 잡았다. 책 속에 파묻혀 있으면 시간이 언제 가는 줄 몰랐고, 세속의 잡다한 상념들이 간곳없었다. 마치 맑은 정신이 호두알처럼 여물어 가는 느낌이었다. 익숙하지 않은 자세에 피로하거나 몸이 아픈 날은 널브러져 있는 책 위에서 잠이 들기도 했지만 전력全力을 다해 집을 짓는 누에처럼 진액을 뽑아내려고 애를 썼다. 늦은 밤, 두둑한 책가방을 들고 학습관을 나올 때면 무엇인가 해 보고자 노력했던 하루에 스스로를 위로하기도 하고, 때로 목표했던 과제가 잘 되지 않으면 난기류를 만난 항공기처럼 몹시 흔들리기도 하였다.

법학과 4학년, 학기 중 현장체험을 한 일은 지금도 생생하게 떠오른다. 견학한 헌법재판소 건물의 위용은 대단하였다. 그 건물 안에는 헌법연구관을 비롯하여 사법고시, 행정고시 출신자들이 일백여 명이 상주해 있다는 말에 더욱 놀라기도 하였다. 우리 고장, 보은군 신정 유스호스텔에서의 수련회, 전국 법학도들이 모여 1박 2일 연수를 하면서 모의 법정도 체험하였다.

새로운 각오와 희망으로 입학을 하고 시험 때가 되면 더 하지 못한 공부에 애를 태웠던 시간이 흘러가고 졸업을 하게 되었다. 졸업시한이 십 년인데, 법학과에 아흔 명이 입학하여 4년 만에 다섯 명이 졸업을 하였다. 눈비가 섞여 흩날리던 졸업식 날, 서울로 상경하는 버스 창가에 앉아 창밖을 보니 스쳐 지나가는 사물들이 열심히 공부하며 보낸 시간처럼 느껴졌다. 동숭동 대학본부 교정 졸업식장은 각처에서 올라온 졸업생과 축하객들로 발 디딜 틈이 없었다.

드디어 검은색 긴 가운을 입고 학사모를 썼다. 교가校歌가 불려질 때 볼을 타고 흘러내리는 것이 진눈깨비인지 눈물인지 분간이 안 되었다. 먼발치에서 본 총장님과 여러 교수님들께 진정 감사의 인사를 하였다. 십칠 년 전의 일이다. 이만큼 와서 돌아보니 늦은 듯했지만 그때, 참 잘했다는 생각이 든다. 더딘 걸음이었으나 헛되이 보낸 시간이 아니었음을….

고뇌했지만 행복감으로 취해 있던 소중하고 아름다운 날들이었다. 방송대는 마중물이 되어 나의 목마름을 풀어주었고 내 인생에 밑거름이 되었다.

오빠 생각

'뜸북뜸북 뜸 북새~~ 논에서 울고~~ 서울 가신 오빠는 소식도 없고~~.' 낮게 가라앉은 회색빛 하늘에서 눈과 비가 흩날리고 있었다. 시내 상가 옆을 지나던 나는 음악사에서 흘러나오는 소리에 순간, 바닥에 앉아 울고 싶도록 오빠가 그리워졌다. 울컥하며 목울대를 타고 올라오는 생각에 눈물과 진눈깨비가 앞을 가려 걷기가 몹시 힘들었다. 일찍 여읜 아버지의 정은 기억도 없는데 세월이 많이 지난 지금도 오라버님의 모습은 어제 일처럼 선연하게 떠오른다. 생전의 오라버님을 아시는 분은 누구나 그 성실함과 사리 밝으심에 칭찬을 하셨다. 우수한 성적에도 진학을 하지 못하고 은행원으로 생활전선에 뛰어들었던 오빠는 어머니께는 의지가 되셨고 어린 동생들에게는 아버지의 빈자리를 대신 채워 주셨다.

말끔하게 쓸어놓은 마당에 노란 감꽃이 오소소 떨어지고 석양은 여우꼬리만큼 남아 있을 때, 퇴근을 하신 오라버님이 선물을 사오셨다. '파란 고무슬리퍼' 였다. 아버지가 계시는 순덕이, 광순이 등 또래 친구들에게는 없는 신발이었다. 다른 아이들은 나무로 만든 딱딱

한, 일본 나막신처럼 생긴 '게다'라는 것을 신고 있었다. 나의 발에 꼭 맞는 부드럽고 폭신폭신한 감촉의 신발이 닳을 세라 살살 걸어 보았다. 동네 친구가 딱 한 번만 신어 보자고 하여 손가락을 걸고 빌려 주었는데 그 아이는 온 동네를 몇 바퀴 돌아다닌 뒤에야 돌려주어서 나의 애를 태웠다.

인간의 삶의 궤적은 합리적으로 설명되는 게 아니라지만 무엇이 문제였을까? 어떤 배우자를 만나느냐에 따라 제2의 인생이 전개된다는 결혼. 알토란같은 아들들이 태어났고, 직장에서의 지위도 오르며 오라버님의 인생이 무지개처럼 행복이 시작될 무렵이었다.

어느 날 아래채 앞 봉당에 있던 벌통에서 벌이 무리지어 날아가는 것이 보였다. 그것은 여느 때와는 달랐다. 후後에 들은 이야기이다. 벌이 집을 나가면 '좋지 않은 일'이라고. 그것이 우리 집안의 앞날에 있을 어려움을 알린 서곡이었을까. 은행원이나 그 가족으로서는 치명적인 돈 문제에 휘말리면서 전도유망했던 오라버님은 추락하기 시작하였다. 반복되는 전근과 이사, 채권자 무리들로 인하여 볏가리에서 떨어진 낟알처럼 오빠는 자기 의지와 상관없이 이리 몰리고 저리 쏠리었다. 살림은 체에 걸러지듯이 줄어들었고, 집안은 고통과 번민으로 뒤죽박죽이 되었다. 가장이 없는 가족을 거느리던 오라버님은 자신의 가정을 깨지 않으려고 안간힘을 쏟으면서 다시 한 번 재기해 보려 하였으나 점점 자신을 잃어 가셨다.

그즈음 모某 문학상 공모에 당선된 작품이 하나 있었는데 제목이 대어大漁 였다. 내용을 읽어보니 아내의 돈놀이에 빚쟁이들한테 쫓겨 이혼을 하고, 호젓한 산골에서 딸과 함께 낚시를 하는 자기의 운명을 담담히 그려낸 줄거리였다. 안정된 가정을 꾸려 가지 못하는 아내를 미워하면서도 쉬 떨쳐 버릴 수 없는 연민의 정을 가슴 저리게 저자는 풀어내고 있었다.

그해 삼월 달, 산등성이 불어오는 칼바람은 뼛속 깊이 파고들고 펄펄 끓는 국솥에서 나는 김보다 더한 뜨거운 눈물로도 오라버님의 마지막 가시는 길을 붙잡을 수가 없었다. 많은 시간이 흘러갔다. 지난달, 과일 꾸러미를 들고 희끗희끗한 머리카락을 날리며 조카가 왔다. "아버지 생각이 나서요." 울먹이는 옆얼굴 모습이 오라버님을 쏙 닮아 나도 울었다. 무언가 답답한 속을 풀려고 왔겠지만 더 이상 말을 하지 않고, "아버지 운명이십니다." 하고 선방先防을 한다. 천륜인 그들의 관계, 이제는 잊고 싶다. 잊어버리고 싶은데, 오라버님의 생각은 떠나지 않으니….

별, 점點

'저 별은 나의 별 저 별은 너의 별….'

어린 시절 부르던 별 노래를 맑은 날 밤이면 옥상에 올라가 딸과 함께 불렀다. 우주에는 천억 개의 은하가 있고, 은하마다 천억 개의 별이 있다고 한다. 그 별 중의 하나가 태양이고 망원경으로 보면 별은 한 개의 점이라고 한다. 아름다운 밤하늘의 수많은 별, 언제나 같은 모양으로 보이는 것 같지만 계절마다 별의 자리가 이동을 하고 있단다.

딸이 시험기간이라고 2주 동안은 못 내려온다고 하였는데 핸드폰으로 문자가 왔다. "엄마 바쁘시지 않으면 한번 오셨으면 해요." "왜?" 하고 물었더니 그냥 보고 싶어서란다. 대학 진학을 앞두고 먼 곳으로는 보내지 않으려 하였지만 나의 의도와는 다른 현실이 되었다. 아이가 지원한 학과가 있는 C시 학교 앞에 하숙을 정하고 객지로 보낸 지 두어 달이 지났다. 저녁 늦게 돌아다니지 말고 외출할 때도 친구랑 꼭 동행하라는 몇 가지 당부를 적어 책상 앞에 붙여 놓고 왔다. 주말에 집에 왔다 갈 때였다. 노파심으로 버스 안에까지 올라

가서 안전하게 승차한 것을 확인하고 내리는 나에게 어린아이 취급한다고 입을 삐죽거리기도 하였는데.

하루에도 몇 번씩 틈이 나면 문자나 전화 통화를 하지만 이렇게 갑자기 아기처럼 "엄마가 보고 싶다"고 하면 도리가 없다. 다른 일을 미루어 두고 딸이 좋아하는 고기를 볶고 과일을 준비하여 남편과 차에 올랐다. 두어 시간 가까이 붐비는 차량 행렬과 많은 도회지의 집, 오고가는 사람을 지나치면서 별 하나를 찾아가는 길이었다. 하숙집 방에 짐을 풀고 딸이 오기를 기다렸다. 강의를 마치고 아이가 돌아왔다. 열흘 만에 보는 얼굴이다. 어설픈 솜씨로 숙녀 흉내를 낸다고 갖춰 입은 옷차림은 괜찮은데, 눈 화장을 한 것이 판다 인형처럼 보여 한참을 웃었다. 집에서 볼 때와는 다르게 부쩍 자란 모습이 한껏 예뻐 보였다. "엄마!" 하고 안기는 딸에게 "이 사람이 대학생인가? 아기인가?" 하고 물으니 웃으며 어리광하듯이 콧소리를 낸다.

맛이 있다는 음식점에서 저녁을 먹고, 학교와 친구 관계 등 궁금한 이야기를 묻고 듣다가 잠자리에 누웠다. 셋이 누우니 빠듯하게 벽이 발끝에 닿는다. 크고 넓은 방을 몇 개씩 비워 두고 딸이 있는 이곳까지 와서 등을 바투 누웠어도 마음은 그지없이 편안하고 기분은 좋아졌다. 아침에 들리는 산새 소리는 한층 청량하고 맑게 들리고, 불어오는 바람마저 더욱 삽상하게 느껴졌다. 저 멀리 있는 우주가 가까이 내 곁에 와 손에 잡힐 것만 같다. 행성이었던 점 하나가 나의 것이라는 사실이기 때문인가 보다. 딸로 인하여 맡아지는 냄새가 달라지고, 느낌이 다르니 점의 힘은 과연 무엇일까? 딸을 꼭 안아 본다. 무어라고 표현할 수 없는 너만의 향기가 은은하게 코끝에 맡아진다. 작은 점, 너를 처음 품에 안고 했던 간절한 기도를 너는 알까? '건강하게 잘 자라도록 도와 달라'고 빌었었다. 그리고 나는 맹세했었다. 내가 할 수 있는 '온 힘을 다 하겠노라'고. 그렇게 다짐하였던 것이 엊그제 같은데 세월은 빨리도 흘러갔구나.

입학식 날 하숙집 아줌마에게서 들은 이야기다. 몇 년 전에 잃어버린 딸을 찾기 위해, 그 부모가 하숙집 앞에 있는 넓고 깊은 저수지의 물을 다 뺀 일이 있었단다. 현대식 기계와 장비, 잠수부를 동원하여 투입하고 여러 날 저수지의 그 많은 물을 다 퍼내었다고 하였다. 광활한 사막에서 오아시스를 찾듯이 실종사건의 단서를 찾을 수만 있다면 둑 가득한 저수지 물, 그 이상의 것도 어느 부모인들 하지 않을 수 있을까?

그랬다. 점! 드넓은 지구 위, 수억의 인구 속에서 점 하나에 불과한 작은 존재인 우리 인간들. 너는 나에게 어떤 무엇보다도 큰 힘을 주는 불씨, 별이었다. 이제 네가 우주 공간 별똥별의 꼬리처럼 세상을 향하여 헤엄쳐 나가려 하고 있다. 뒤뚱거리는 서툰 걸음으로 나의 품을 떠나 스스로 일어서서 꿈을 찾아 앞으로 나가는 모습이 노란 병아리처럼 귀엽기만 하다. 머지않은 날, 날아간 새장의 빈 둥지로 남는다 해도 나는 너를 응원할 것이다. 거미줄처럼 보일 듯 말 듯 이어진 끈끈한 사랑으로 너의 모습을 지켜보면서, 네가 어느 곳에서든지 자리를 찾아 바로 설 때까지 나는 사랑의 별, 점, 너의 부싯돌이 되리라.

풋거름

동녘 하늘에는 아침이 열리고 있는데 미처 기울지 못한 하현달이 대추나무에 걸려 있다. 새벽안개가 자욱하게 내려앉은 길 저편으로 펼쳐진 들판 밭 두엄에서 모닥불처럼 하얀 김이 피어오르고 있다. 봄의 냄새가 맡아지는 이른 아침이다. 현장 확인차 마을 입구에 들어섰더니 낯선 발자국에 개 짖는 소리가 요란하다. 문득 지나온 시간이 흑백 영화처럼 그리움이 되어 떠오른다. 어린 시절에는 단순한 것들도 다툼의 시작이 되었다.

한 이불 속에서 옹기종기 잘 자고 나서 누가 먼저인지 이불자락을 잡았다. 네모난 이불을 서로 잡아당기다 놓치기도 하며 급기야는 싸움이 되었다. 이불 밖으로 나와 큰소리로 심한 말을 하다가 육박전으로 발전하기도 했고, 결국은 어머니의 회초리 앞에서 눈물과 콧물이 범벅이 되어야 끝이 났다. 서로 자기가 내가 먼저 한 것이 아니라고 하며 원망의 눈으로 하얗게 흘겨보던 눈길에 마당 귀퉁이에 있는 두엄터가 보였다. 두엄터, 그곳에 어머니는 검불 하나라도 지성으로 모으셨다. 억새를 태운 풀풀 날리는 재를 쏟아 놓기도 하고 밤사이

받아 놓은 오줌을 붓기도 하셨다.

어머니는 그렇게 모은 퇴비를 동네 뒤 산모롱이 언덕에 일구어 놓은 뙈기밭에 퍼다 옮기시고, 그곳에 심은 정구지에 틈틈이 풀을 매고 거름으로 넣으셨다. 학교에서 돌아와 어머니를 찾아 숨 가쁘게 밭에 올라가면, 수건을 푹 눌러 쓴 어머니가 정겹게 손을 잡아 주셨다. 그때 어머니 손에서 맡아지던 흙 묻은 거름 냄새가 나는 좋았다.

세월이 흘러 한 이불 속에서 토닥이던 동기간의 머리에 백설이 내려앉을 즈음 가족이 오붓하게 모여 수런수런 이야기를 하던 어느 날, 느닷없이 전해 들은 말 한마디가 나의 마음을 건드렸다. 어렸을 적 이불을 당기면서 아옹다옹하던 것과는 다르게 마음이 구겨진 종이처럼 되어 오랫동안 펴지질 않았다.

손윗사람으로 옹졸함을 보이지 않으려고 밤새 애를 끓이면서도 낮에는 태연한 척을 했다. 그러나 마음은 잔잔하였다가 다시 뒤집혀서 시도 때도 없이 나를 힘들게 하였다. 우무같이 목에 엉겨 오는 말을 꾹꾹 눌러 밀어내어 짐짓 관대함을 흉내 내어 보았지만 가슴속은 부글부글 분노가 끓어올랐다.

밤이 되면 두엄 속의 덜 삭은 잡초가 푸~ 우후 푸~ 우후 신음을 하며 뒤척이듯이 잠을 이루지 못하는 날이 많아져 갔다. 성당의 고백소에서 신부님께 용서하는 마음을 갖게 해달라고 눈물을 흘리기도 하였다. 내 마음이 미움과 분노로 중심을 잃을 것 같을 때 두엄간의 풋거름 생각이 났다. 퍼싯한 생거름이 농부가 베어 온 억센 잡초와 한 번 더 섞이려면 찌르기도 하고, 찔리기도 하면서 상처의 아픔으로 쓰라린 시간을 보내었으리라. 그러다가 천둥 치고 비바람 몰아치는 밤 진정 참을 수 없으면 속을 태운 검붉은 진액을 빗물과 함께 소리 없이 흘려보냈겠지.

어렸을 적에 어머니 매 앞에서 금방 사그라지던 감정과는 달리 한마디 말이 가슴속에 옹이가 되어 나의 마음을 때때로 흔들어 놓았다. 그러기를 여덟 해가 되는 어느 날, 은행 창구에서 번호표를 뽑아 들고 기다리던 중에 펼쳐본 월간지의 글 제목 〈모든 것은 네 안에 있다〉. 무슨 뜻일까? 처음부터 끝까지 단숨에 읽어 내려갔다. 이제까지 풀지 못한 문제의 답이 거기에 있었다. 그동안 미움과 분노로 혹독한 열병을 앓았던 날들은 스스로 마음을 삭이지 못한 나의 부족함 때문이었다.

어느 시인은 사찰의 해우소에서 나오는 형체가 없이 삭혀진 낙엽들을 숭엄한 모성애에 비유하였다. 나에게 두엄 냄새는 어머니의 포근한 품 같은 냄새로 느껴졌다. 어떠한 잘못도 용서가 되고 두루 덮어 주며 모든 것을 감싸 안아 자기 것으로 온전히 만들어가는 두엄. 생풀이 두엄 속에서 뒤섞이어 훗날 식물의 자양분이 되어 가듯이 어머니의 마음은 곰삭은 거름이었고 나는 풋거름이었다는 것을 비로소 알게 되었다. 이렇게 만들어진 거름은 허리 굽은 노인이 가꾸는 채마밭에 뿌려져도, 농부가 쇠스랑에 찍어 고랑에 던져 놓아도 땅속에 스며들어 제몫을 다하리라. 척박한 땅은 비옥하게 할 것이고, 복숭아꽃 피어 있는 햇살 가득한 파란 보리밭은 더욱 푸르러지리라. 온갖 생물에게 영약이 되어 열매는 알차게 여물어 갈 거며 밭 가장자리 두엄더미 옆에 있는 이름 모를 들꽃도 짙은 향기를 피워낼 것이다. 그날을 위하여 풋거름은 함박눈 펄펄 날리는 겨울, 매서운 추위에도 뜨거운 입김을 토해 내며 좋은 양분이 되려고 깊은 밤 가슴을 쓸어내린다.

잊고 싶은 그날

봄기운이 아즐아즐 피어오르던 날, 조붓한 방 안이지만 집 안 전체에 봄을 맞아들이려고 창문을 활짝 열고 대청소를 시작했다. 구석구석 먼지를 털어내고 있을 때 전화벨이 울렸다. 내일 어머니께서 오신다고 하셨다. 매사 서투르고, 살림이라고는 할 줄 모르는 어줍은 딸을 시집보내고 나서 못내 마음이 편하지 않으셨으리라. 고추장을 담그셨단다. 대충 청소를 마치고 난 후 나는 누가 시키기라도 한 듯이 겨우내 덮었던 이불 홑청을 뜯기 시작하였다. 실밥 뜯어지는 소리가 무엇에 쫓기는 것처럼 '투두둑' 하고 났다. 공교롭게 그날 왜 그런 발상을 했는지 많은 시간이 지난 지금 생각하여도 이해가 안 된다.

그 시절, 나는 안과 밖으로 무척 곤고하고 마음은 메말라 있었다. 이웃한 새댁은 집안의 장손이라 일요일이나 평일에도 늘 일가친척들의 발길이 잦았다. 평소에 작은 물건 하나라도 시댁에서, 친정에서, 또는 고향에서 가져온 것이라며 이야기를 하였다. 그러면 그렇지 못한 나는 그때마다 무척 왜소해지는 느낌이었다. 우리에게도 가족과 친척이 있었지만 타향살이에 익숙한 남편은 칠 남매의 막내로 연로하신 시어머님은 오실 수가 없었다. 나 역시 방학에 친정의 어린 조카들이 오는 게 고작이었다. 남들보다 길었던 신혼생활은 무료한 일상에서 탈출하고 싶도록 갑갑하였다. 존재감 없이 온종일 남편을 기다리는 무의미한 날의 연속이었는데 무심한 이 사람은, 술 좋아 친구 좋아 밤이 이슥해서야 들어왔다. 참으로 암울하고 따분한 날들이었다. 누군가 리듬 없는 생활을 깨뜨려 주었으면 했을 즈음 어머니가 오신다는 거였다.

이튿날, 고추장을 담은 작은 항아리와 몇 개의 짐을 들고 어머니께서 오셨다. 이런저런 이야기를 하다가 얼마나 시간이 지났을까, 아마도 내가 서둘렀나 보았다. 장거리 여행에서 피로하셨을 텐데 어머니는 옷소매를 걷고, 따뜻한 물에 불려 놓아 김이 모락모락 나는 빨래를 담은 고무함지를 머리에 이셨다. 나는 비누와 빨래통을 들고 동네 앞 냇가로 갔다. 봄이 왔다고는 하지만 아직 손끝에 닿는 냇물은 차가웠다. 비눗물에 홑청을 비벼 빨며 냇물에 훌훌 흔들어 헹구었다. 그동안 침울했던 마음도 물살에 함께 떠내려갔다. 빨래터의 이웃 아낙들에게는 '우리 어머니'라고 말하였다. '탁탁 툭툭' 빨래 방망이를 두드리는 소리에 물밑 돌 틈에 겨울잠을 자고 있던 물고기들이 놀라 달아나는 것이 보였다. 빨래를 마치고 동네 고샅길을 어머니와 이야기를 나누며 함께 들어오던 저녁은 개선장군처럼 어깨에 힘이 실렸다.

어머니와 함께 잠을 이룬 밤, 가슴 뿌듯하게 느껴오던 푸근한 어머니의 온기에 흠뻑 잠겨 있었다. 흐릿한 새벽빛이 문틈으로 비추어 보일 때 부엌에서 들려오던 바심 소리. 마치 말발굽 소리 같기도 하고, 오래전에 들어본 귀에 익은 어머니의 밥 짓는 소리였다. 불현듯 이대로 여기서 모든 것이 멈추어 주었으면 하는 생각이 들었다.

그날 먼 거리에서 오신 어머니를 쉴 틈도 주지 않고 빨래를 하게 한 것은 계획했던 것은 아니었다.

그런데 그날의 일이 세월이 지난 오늘까지도 잊지 못할 날이 될 줄은 정말 몰랐다. 어머니가 그렇게 한 번 다녀가신 뒤 우리 집에 다시는 오지 못하셨다. 예상치 않은 사고로 돌아가셨기 때문이다. 그 후 오늘같이 봄볕이 따사로운 날, 고추장을 새로 담그고, 이불 빨래를 할 때, 손끝에 알알하게 느껴오는 찬물을 만질 때도 그날이 생각난다.

이웃에게 나에게도 든든한 지원군이 있다는 것을 보여주고 싶었던 마음뿐이었다. 그날 나의 용기백배했던 마음을 어머니가 아셨더라면 철딱서니 없던 행동이 조금은 용서가 되었을 텐데….

어머니! 가슴에 손을 얹고 말씀드리고 싶습니다. 결코 '어머니께 정녕 일을 시키려고 작정하였던 것은 아니었어요.' 누구에게 어떻게 보이는 것은 그리 중요한 것이 아니었는데 내 가슴에 멍울이 된 날, 정녕 통한의 잊어버리고 싶은 그날이 되었다.

2부

그리운 정

화분

긴 햇살이 거실 안쪽으로 들어와 기웃거리고 있다. 아마도 나의 눈치를 살피고 있는 것이 분명하다. 지난해였다. 따뜻한 날이 며칠 계속되었을 때 '이젠 봄이구나.' 하고 성급하게 화분을 밖으로 내어 놓았다. 그런데 하룻밤 기온이 내려간 날, 놀라 기절한 꽃나무가 끝내 깨어나질 못한 일을 저도 알고 있을 터. 그래서 올봄에는 이제나 저제나 지켜보다가 낮 온도가 여름을 방불케 하던 엊그제 드디어 화분 정리를 시작하였다.

한철 예쁜 꽃을 피운 화초는 꽃이 지고 나면 분과 함께 뒤편으로 물려 두었다가 봄이 와야 겨우 밖으로 내어놓았다. 잎의 먼지를 털어주고 영양제를 주려다 뾰족하게 내밀고 있는 꽃대를 발견하였다. 겨우내 잠자는 줄만 알았는데 어떻게 흙 속에서 봄이 오고 있음을 알았을까. 유난히 추웠다는 겨울에 꽃을 피우려고 저 혼자 준비를 했나 보다. 곧 지지대를 해 주어야겠다. 지지대를 어떻게 받쳐 주느냐에 따라 힘을 받고 줄기는 벋어 나가리라. 거름을 주고 볕바른 곳에 놓아두었다. 꾸준하게 관심을 두어야 했건만 그러지 못해 기특

하면서도 조금은 미안한 마음이 들었다. 화분에 피어 있는 꽃 한 송이에도 관리하는 이의 손길이 여실히 드러나 보인다. 얼마큼 정성을 들였는가를 꽃은 꽃으로 보여 주기 때문이다. 화분갈이를 하면서 사람이 성장해 가는 과정과 비슷하다는 생각을 해 보았다. 사람에게도 반드시 밑거름이 되어 줄 무언가 필요하였다. 하나의 생명이 꽃을 피우려면….

어린 시절 우리는 무밭에 박혀 있는 무처럼 촘촘히 붙어서 잤다. 우리들 옆에서 주무시던 어머니의 머리맡에 화분 하나가 있었다. 금이 간 질화로에 시멘트 가루를 이겨 바르고, 둘레를 구리철사로 동여매어 무언가를 심어 놓으셨다. 그 화초가 무엇이었는지 기억해 보려고 해도 도무지 생각이 나지 않는다. 화분을 어머니는 젖은 수건으로 간간이 닦으시며 화초에 물을 주시곤 하셨다. 깊은 밤, 잠에서 깨었을 때도 어머니는 화분 앞에 앉아 계셨는데 호롱불에 흔들리는 어머니의 등 그림자가 무척 쓸쓸해 보였다. 밤바람에 문풍지가 떨리는 계절에는 그 모습이 더 외롭고 애처롭게 보였다. 지나고 생각해 보니 어머니는 신산한 마음이 일 때면 그렇게 닦으나 마나 한 화분 둘레를 걸레로 훔치고 또 훔치며 마음을 다독이셨던 것 같다.

어머니의 일생에 오라버님은 가장 소중하고 귀한 화분이었다. 둥치처럼 의지하고 정성을 다한 화분인 아들이 장가를 들던 밤, 화분을 오롯이 내어준 마음이 기쁘기만 하셨을까. 그 마음을 누구에게 말할 수 있었을까. 어머니는 그날도 밤늦도록 허전한 마음을 화분을 닦으며 다스렸으리라. 흙을 밀고 나온 꽃대를 보면서 오늘 같은 따뜻한 봄날, 끔찍한 모자지정母子之情은 하늘나라에서도 함께 화초에 물을 주고 화분을 가꾸고 닦으며 계실 것만 같다.

은행나무

천태산 기슭의 은행나무 잎이 가장자리로부터 노랗게 물들고 있다. 오늘은 오랜 세월 동안 사찰의 사천왕과 마을의 수호신 역할을 해온 은행나무에 제를 올린다고 한다. 정성 들여 차려 놓은 떡과 음식 앞에서 치성을 드린 뒤 소지를 태워 하늘로 올리고, 부정을 막기 위해 새끼줄로 은행나무를 칭칭 동여매 금줄을 쳤다. 나는 고향이 충북 영동이다. 그럼에도 천년 고찰 영국사를 알게 된 것은 어른이 된 이후였다.

어쩌면 천연기념물인 영국사의 은행나무 씨앗이 날아온 것이었을까. 시댁 넓은 앞마당에도 암수 두 그루의 나무가 있었다. 은행나무는 우람하고 장대壯大하였다. 맏동서님은 열여덟에 시집을 오셨다고 했는데 그때 사랑채 앞에 서 있던 은행나무 둘레가 두 팔로 안을 정도로 아름드리였다고 하셨다. 대문에서 양옆으로 여러 종류의 꽃과 나무들이 심어져 있고 작은 웅덩이에는 옥잠화와 빨갛게 핀 복숭아꽃의 색이 참 예뻤단다. 밤에 보는 하얀 박꽃은 불을 밝힌 듯이 집안이 훤하였다고 하며 남편은 유복했던 어린 시절을 형수님과 이야기할 때면 박꽃처럼 얼굴이 환하게 살아났다. 그런 동서님이 증손자까지 보셨으니 이 은행나무의 나이를 대략은 짐작하게 된다.

해마다 알알이 열매를 맺으며 칠십여 년 집안의 크고 작은 일을 모두 지켜보았을 은행나무. 봄이 오면 나뭇가지에 연초록빛 새순이 움터 오르고 은행나무 잎이 무성할 때 새들의 지저귐은 온종일 끊이지 않았다. 기상청 예보에 '서해안 강풍 주의보'가 있다고 한 날, 가차없이 부러진 가지와 영글지 못한 열매를 떨어뜨리고도 말없이 서 있었다. 분신이 흩어져도 의구依舊하게 버티던 은행나무. 아픔을 혼자 삭이면서 가을에는 마침내 실한 결과물을 내어주었다. 방학이나 명절에 남편과 다니러 갔다 돌아올 때 형님은 "올해 수확한 은행"이라고 가방 속에 넣어 주셨는데 은행알의 용도를 잘 몰랐던 초보 살림꾼은 흐지부지 관심을 두지 않았다.

어느 시인은 가을날 은행잎이 떨어지는 것을 보고 이렇게 표현하였다. 묵묵히 참아 내다가 후회의 검은 구름이 이마까지 내려오고 '속에서 폭풍이 일어나는 날, 더 이상 견딜 수 없어서 곪아 터진 노랗게 물든 잎을 우수수 쏟아낸다.'고.

언제인가 '울안의 나무가 너무 크면 안 좋다'는 이야기를 들은 적이 있다. 그래서였을까. 시아버님이 돌아가시고 큰아들이 떠난 후, 시어머님께서도 세상을 뜨셨다. 그때 가족을 떠나보내는 형님의 참담한 마음을 두 그루 은행나무도 알고 있었으리라. 아마도 맏동서님은 가슴 저미는 시름과 아픔을 은행나무를 붙잡고 토해 내셨을 것 같다.

가지 많은 나무, 바람 잘 날이 없었으련만 맏동서님은 층층 가솔을 아우르고 두루 살펴 주시던 집안의 은행나무이셨다. 지금은 은행나무도 베어지고 맏동서님도 돌아가셨다. 근래에 와서 많이 쇠약해지기는 하셨지만 추운 겨울을 잘 이겨 내시는가 했는데, 겨울의 끝자락인 봄날 고목古木이 부러지는 것처럼 그렇게 '툭' 생을 놓아 버리셨다.

이제 한 가족사의 운명을 지켜보던 은행나무와 고락을 함께하셨던 형님도 계시지 않는다. 두 그루 은행나무는 그렇게 한 세상 이야기를 품고 가버렸다.

정情

간밤에 보슬비가 내렸다. 뒷마당 가에 비를 함빡 머금은 돌나물이 씻어 놓은 듯 깨끗하다. 몇 해 전 서너 뿌리 얻어다 담벼락 아래 심었는데 생명력이 어찌나 강한지 추운 겨울을 잘 이겨내고 봄이 오면 주변으로 번지는 속도가 무척 빠르다. 이른 봄에 솎아 주어야 한다. 그러지 않으면 가는 줄기 마디마다 뿌리를 내려 꽃씨를 심을 여유를 좀체로 주지 않기 때문이다. 많은 눈이 내리고 극심한 추위였다는 지난겨울에도 생명의 끈을 놓지 않으려고 안간힘을 주었는가 보았다. 눈이 녹아들자 기수汽水 지역처럼 땅속으로 번었던 뿌리가 주위 사방으로 번져 나가 새싹을 다글다글 달고 나왔다. 마치 푸른 풀밭을 만들 요량인 것 같았다.

한 바구니를 뜯어 아래층 아낙에게 주고 퇴근시간이 가까운 친구에게 "다듬어 놓았으니 가져가라."고 전화를 했다. "응 고마워. 저녁에 장 끓여 비벼 먹어야지."라고 친구는 말하였다. '장을 끓인다.' 생소하면서도 들은 적이 있는 정겨운 말이었다. 기억 저 너머 있던 단어, 전화를 끊고 한참 생각해 보았다. 어머니가 저녁밥을 지으면서 보글보글 끓여주시던 장 냄새가 코끝에서 맡아지는 듯했다.

풍구 불에 굽던 고등어 냄새는 한걸음이라도 더 빨리 집으로 달려오게 하던 어린 시절의 냄새. 달이 높이 떠 있을 때면 누군가의 집에 모여 지난 하루의 일상을 되새김질하고, 희미한 봉창 아래 밤이 깊어가는 줄 모르게 이야기꽃을 피웠다. 높지 않은 담장은 밖에서도 두런두런거리는 소리와 웃음소리가 들려왔고, 궂은 날이면 부침개를 울타리 너머로 건네주면서 이웃과의 정을 나누었다.

그리고 어둑한 골목길에 가로등 불만 덩그러니 서 있어도 거리가 멀리 떨어져 있는 마을까지 마실을 갔다. 요즘에는 밤이 대낮처럼 밝아도 이웃에 놀러 가는 일은 흔하지 않고 문을 닫고 살고 있다. 이웃은 벽과 벽, 천장과 바닥이 붙어 있을 만큼 가까워졌는데도 옆집에서 무슨 일이 일어나고 있는지, 어떻게 살고 있는지를 전혀 예기치 못한 먼 곳에서 듣기도 한다. 그러면서도 한층 외롭고 고독하다는 이야기를 한다. 모두 바쁘고 자기 일에만 열중하기 때문이리라.

새댁 시절, 남편의 출신 고등학교에서 개교 60주년 기념회가 있어서 같이 참석한 적이 있다. 각 지역별로 부부동반 모임이었다. 국내 유수한 인물들, 세계 각 곳에서 온 동창 대표들의 인사가 차례로 있을 때 미주美洲 지역의 동창 대표가 운동장 중앙의 단상으로 오르더니 대뜸 하는 말 "야 ** ***들아 보고 싶었다." 덥수룩한 흰 머리카락을 날리며 사십여 년 만에 만나는 동창들에게 큰 소리로 외치는 것이 아닌가!! 그리고 감격에 겨워 어깨를 들먹였다. 먼 나라에서 고국의 친구들을 그리며 살아왔을 세월, 욕을 하고 욕을 먹고도 흠흠하던 표정들이었다. 그날 나는 욕 속에 담겨 있던 진한 정의 울림을 보고 들었다.

정은 구수한 사투리에서도 느껴지고 훈훈한 입담에서도 가슴으로 와닿는다. 백화점이나 관공서를 가면 말끔한 맵시를 한 안내자의 세련된 말씨와 상냥하고 매끈한 인사에도 가슴으로 따뜻함이 전해 오지 않는 것은 왜일까. 전화 안내양이 반복하는 '사랑합니다'는 오히려 식상할 때가 있다. 발달된 문화생활은 사람에게 온갖 편리함을 가져와 다양한 생활의 즐거움을 주고 있다. 자신의 건강을 위하여, 노후 준비를 위해 교양을 쌓고 취미생활을 한다고 너도나도 분주하게 살아가고 있다. 그런데 즐기는 생활과는 다르게 사람의 따뜻한 정은 전보다 적어지는 것만 같다. 좋아진 환경과 문화시설을 재미있어 하면서도 정녕 그리워하는 것은 사람과 사람 간의 '정'이어라.

삼봉리

'밤새 안녕하시냐.'고 하는 말은, 나이 많은 어른들의 건강 상태는 종잡을 수 없다는 말인 것 같다. 달포 전 우리 집을 건강하게 다녀가신 분께 삼봉리를 가려고 전화를 드렸더니 전원이 꺼져 있었다. 몇 번을 다시 해 보고 댁으로 전화를 하다 어렵게 알아낸 사실, 병원에 계시다고 하였다. 치매증세가 심해지고 실어증이 왔단다. 여든이 넘으신 연세를 생각하면, 또 나와 관계없는 분이라면 그럴 수도 있겠다 넘겼을지도 모른다. 그러나 남편의 선배이신 그분은 그러지 않았으면 하는 바람이었다.

이튿날 가족이 병문안을 갔다. **병원 407호. 평소에 해맑은 웃음을 웃던 그분은 병상에 앉아서도 순진한 아이처럼 웃고 있었다. 남편의 선배이지만 나와 더 많은 도타운 정을 쌓아 왔다. 남편을 알아보고 이름도 기억하셨다. 평소 많은 연세에도 삼봉리 근처 도서관에서 한꺼번에 열 권씩 책을 빌려다 본다고 하시었다. 어줍잖은 내 글이 실린 책을 보내 드리면 모두 읽으신다는 나의 열혈 팬이기도 하셨는데, 나의 이름은 생각이 안 나는 듯이 더듬거리셨다. 장기판에서 훈수를 두듯이 상황에 맞는 말씀으로 탁 치기도 하시고, 불의에는 사심私心 없이 매사에 분명함을 보이시더니 이젠 창밖을 물끄러미 바라보는 노인으로 앉아 있다. 가을나무에 남아 있는 나뭇잎처럼 떨어질 날이 멀지 않았음이 눈에 보이는 것만 같아 목이 메어 왔다.

금왕읍 삼봉리는 그분의 고향이다. 퇴직을 하시고 봄이면 그곳에 가서 선산 아래 농막 같은 집에서 묘소를 관리하시며 여름을 나시고 가을이면 본가인 이곳 청주로 오셨다. 나는 봄에는 그곳에 가서 냉이도 캐고 쑥도 뜯어 왔다. 그분은 산소의 잡초를 뽑고 새 흙을 보태며 묘소 곳곳을 돌보셨다. 그런 모습을 보며 조상님을 위하는 자손의 도리를 배우기도 하였다. 지난해 가을, 잔디 속의 풀을 뽑으면서 그분은 무슨 생각을 하셨을까. '내년에 다시 올 수 있으려나.' 아마 그런 생각도 하셨을 것 같다. 이제 그분에게 올 것이 오고야 말았다. 어쩌면 자신이 가꾸던 잔디 속에 영원의 터를 집으로 아시고 오실 수도 있다. 인생의 무상함이 가슴속을 흔들어 놓는다.

몇 해 전 일이다. 평소 술을 좋아하던 남편은 퇴직을 한 이후에는 그 정도가 심하여져 참을 수가 없었다. 남편이 병원에 입원해 있을 때 가까이 지내시는 선생님을 몇 분 모신 자리에서 최후통첩처럼 말씀드렸다. 남편의 잘못된 점, 그리고 내가 하는 행동이 부당하지도 않고, 부정한 방법이 아니라는 것을. 자초지종을 듣고 있던 선배님은 "조 선생 어디 있어요? 나와 함께 삼봉리로 갈 겁니다." 그분의 한마디는 후배의 기를 살려 주었고, 나의 대찬 항의에 마침표를 찍어 주셨다. 그 뒤에도 남편에게 마음이 상할 때가 있으면 예고 없이 불쑥 찾아가서 '후배를 잘못 두셨다'고 남편의 흉을 보면 빙긋이 웃기도 하고 때로는 '허허허' 웃어 주기도 하셨다. 그러면 나는 맺혔던 마음이 곧 풀려 버리곤 하였다. 그 후에도 오월이 오면 삼봉리를 찾아갔다. 떡집에서 금방 나온 떡과 과일, 좋아하시는 뜨끈한 보신탕을 냄비에 담아 삼봉리를 향해 가는 마음은 나들이를 가는 기분이었다. 내가 가는 날이면 근처에 사시는 퇴직하신 선생님 두어 분을 불러 모으신 후 읍내에 함께 나가 식사를 대접해 주셨다.

남편과 비슷한 점이 많은 그분. 어려움 없이 자란 선한 성품은 경쟁사회에서는 조금 어울리지 않는 분이시다. 오랜 세월 가까이 지내면서도 후배의 아내인 나에게 깍듯한 예의를 지켜 주셨다. 언젠가 병원 진료차 나오셨을 때, 마침 그분이 계신 곳 가까이 현장답사를 할 일이 있어서 가는 길에 모셔다 드린다고 하여도 한사코 사양을 하시었다. 남편보다 많이 찾아갔던 삼봉리. 이제는 거두어야 할 것 같은 불안감이 든다. 낯설고 물선 신혼 초부터 쌓아온 사십여 년의 추억, 인생 장정에서 만난 몇 안 되는 정인情人 중의 한 사람이다. 그분의 기억은 어디에서 멈추었을까. 내 이름을 기억 못하여도 나를 보고 웃어주는 모습만 보아도 좋다. 지나온 세월 속에 쌓은 많은 이야기들. 말은 못해도 만나면 좋은 사람, 가슴으로 만나고 오리라. 문병을 마치고 나오다 다시 돌아서서 나의 기운을 전하듯이 꼭 끌어안아 드리며 손을 잡는데 눈물이 쏟아졌다. 나에게 힘을 주던 인연 삼봉리, 실낱같은 희망을 가져 본다.

그분을 찾아가는 일이 또다시 오기를….

식탁 앞의 즐거움

십이월, 쓰임새가 없을 것 같은 겨울비가 온종일 질척거리며 내리고 있다. 어제 형님께서 미리 전화로 알려온 택배가 도착했다. 팔순이 넘은 셋째 동서님이 보내 주신 것이다. 종이상자 포장을 뜯고 열어 보니 비닐이 여러 겹으로 동여매여 있다. 시동생에게 보내려는 김치의 국물이 행여 새어 나올까 봐 꽁꽁 묶으셨을 형님의 손길이 따스하게 느껴진다. 마지막 비닐봉투 속에는 서해안 특산물인 호박김치와 마늘 장아찌가 담겨 있다. 남편은 칠 남매 중 막내이다. 예전에 시댁 고향집에 갔을 때는 맏동서님이 '막내 서방님이 좋아하는 반찬'이라고 게장이며 어리굴젓을 싸 주셨는데 이제는 셋째 형님이 이렇게 고향의 정을 보내오신다. 오래전 내가 사무실을 창업했을 때는 신선도가 높아 알이 탱글탱글한 굴을 한 통이나 가지고 오셨다. 그리고 집을 옮겼을 때도 내륙지방에서는 먹어 보기 쉽지 않은 싱싱한 해산물을 가지고 오셨던 터다. 반찬을 덜어 그릇에 담아 식탁 위에 올려놓으니 남편은 흐뭇한 표정을 지으며 '고향에 온 것 같다.'라고 말했다.

요리하는 방송이 대세인 요즘이다. 아이들을 위한 엄마의 정성 어린 솜씨 자랑이 한창이다. 월간지 요리 편에도 반찬들이 색깔도 곱게 예술 작품처럼 펼쳐져 있다. 옥수수 감자 샐러드, 멸치 유부 초밥, 버터오징어, 소풍 가서 먹기 좋은 도시락과 반찬…. 간장은 큰술의 반, 소금은 작은 술로 하나를 넣으면 슴슴하고 구수한 국물 맛이 일품이란다. 목을 타고 들어와 몸을 따뜻하게 한다는 식후감까지 올라와 있다.

남편이 현직에 있을 때 점심시간이 되면 '오늘은 무슨 반찬일까?' 교내 급식소의 식사가 기다려졌다는 이야기를 하며 식탁 앞의 즐거움을 은근하게 기대하였지만 나는 그 행복감을 채워주지 못했다. 공부 잘하는 학생은 놀아도 책상 옆에서 논다고 하는데 나는 원래 음식 솜씨가 없다고 하며 주방을 멀리하여 왔다. 그래서 아직도 주방은 나에게 익숙하지 않다.

딸이 고3 때였던가 보다. 일요일인데도 학원을 간다고 도시락을 싸 달라고 하였다. '준비한 반찬이 없는데 갑자기 도시락이라니.' 순간 난감해하다가 엊그제 친구들과 산행을 했을 때 풋고추를 된장에 찍어 먹던 꿀맛 같던 생각이 나서 그대로 싸서 들려 보냈다. 잠시 후에 이웃에 있는 지인에게 전화가 왔다. 딸이 울면서 가고 있어 이유를 물었더니 "엄마가 된장과 고추를 반찬으로 싸주었다."고 말하더란다. 하루 종일 반찬 때문에 풀이 죽어 있을 딸 생각을 하며 자책감으로 우울한 마음이었다. 그런데 저녁에 돌아온 딸의 얼굴은 걱정했던 것보다 훨씬 밝아 보였다. "애들이 맛있다고 했어요." 의외의 대답이었다. 여러 가지의 모양과 맛있는 반찬 앞에 단연 풋고추와 된장은 튀는 반찬이었던가 보았다.

'일색 소박은 있어도 박색 소박은 없다'는 말이 있다. 이 말은 여성의 외양보다 깊은 속정이나 야무진 살림 솜씨를 더 중히 여긴다는 뜻이리라. 남성들에게 음식 솜씨 좋은 부인을 만나는 것이 제일 큰 복이라고 했다. 그 말을 들으며 미인도 아니고 음식 솜씨도 없는 나는 가슴이 뜨끔했다. 그러면서도 봄이 오면 된장과 고추장을 담그느라 며칠씩 애를 태웠다. 그런데 지난해부터는 청정지역 산골 마을에서 맛있는 고추장을 주문하여 먹고 있다. 요즘에는 반찬 솜씨가 없어도 주눅 들지 않고 집이나 사무실에서도 기다려지는 점심시간이 되었다. 왜냐하면 밥만 해 놓으면 주문한 유기농 반찬과 국이 매일 다르게 배달되어 오기 때문이다. 이름하여 전문가 시대. 음식이나 청소는 여성 전담이던 시대도 옛날이야기이다. 여성들이 살 만한 세상이 되었다. 부담되던 살림살이에서 조금은 벗어날 수 있으니 얼마나 좋은가.

머지않은 날에 나도 가족에게 생선 튀김이 있고 나물 반찬이 있는 푸짐한 밥상, 식탁 앞의 즐거움을 꼭 주리라.

장수사진

S병원 영안실, 가을 햇살처럼 따사로운 미소로 그녀가 우리를 맞고 있었다. 대개는 엄숙한 표정의 모습으로 놓여 있는 사진과 달리 하얀 백발에 빨간 립스틱으로 치장하고 웃고 있는 얼굴은 생전에 쾌활했던 그녀의 모습처럼 화사해 보였다. 흰 장미꽃으로 장식된 제단 앞에서 오는 사람 가는 사람을 일일이 알아보는 듯이 바라보고 있다. 월계동 성당에서 30년 동안 레지오 활동을 열심히 하던 시누이님, 조인환(헬레나)의 장례미사가 신자와 단원들이 참석한 가운데 집전되고 있었다. 이 세상에 오던 날보다 가는 길을 배웅하는 객들이 많은 것은 그녀가 밟아온 세월의 흔적이리라.

두어 달쯤 되었을까, 미사가 끝나갈 무렵 신부님의 말씀이 있으셨다. "장수사진을 촬영하니 65세 이상 되신 분은 참여 신청을 하세요." 사진관을 운영하는 교우 한 분이 봉사를 하신다고 하였다. 우선 남편은 통과 자격이 되었다. '장수사진?'이라고. 영정사진을 누가 지은 이름인지 들을수록 정감이 간다. 딱 한 번, 자신이 없는 곳에서 자신을 찾아오는 방문객을 맞이해야 하는 사진. 언뜻 생각하면 성큼 받아들이고 싶지 않은 사진이다. 신청을 할까 말까 망설이다 레지오 활동을 같이 하는 자매에게 물어보았더니 "혼자 사진관에 가서 찍는 것보다 자연스럽지 않을까요." 하여 마음을 정하였다.

예정된 날, 마음은 유쾌하지 않으면서도 남편의 옷차림을 다독여 주며 성당에 갔다. 젊은 행사요원들이 머리와 옷매무새를 다시 가다듬어 주고, 얼굴에 약간의 화장도 해 주었다. 한결 단정한 모습이 되었다. 의자에 앉아 자세를 바로 하자 '펑' '펑' 전기불꽃 터지는 소리가 나고 촬영은 끝이 났다. 사진을 찍고 나오면서 남편의 손을 잡아 보았다. 표정이 없던 남편도 손에 힘을 주어 잡아 주었다. 따뜻함이 전해 왔다. 얼마 만인가, 마음을 열고 손을 잡아본 것이….

서로를 탓하고 미워하며 보낸 시간들, 애매하게 서 있는 동안 세월은 많이도 흘러갔다. 부딪히며 깨지고, 서로를 향한 애틋한 감정도 무디어져 버렸다. 그리고 몇 주 후, 사진 전시회가 있었다. 연세 드신 자매님들의 분홍색, 물색 한복 입은 고운 모습의 사진이 액자에 담겨 가지런하게 놓여 있었다. 예쁘게 웃는 얼굴은 소녀 같기도 하고, 어떤 형제님은 무표정한 얼굴이 화가 난 것 같기도 하였다. 사진 속에는 평소 주인공의 형상이 거울처럼 반영되어 보이는데, 한 자매님은 실물보다 영 마음에 안 들었는지 사진 기술이 없다고 불평을 하였다. 단체 회장님도 계시고 근엄한 모습의 여학교 때 은사님도 계셨다. 촬영을 망설이던 생각이 나만의 우려였음을 알게 되었다.

나무는 심은 지 5년이 되면 땅에 완전히 뿌리를 내려 자랄 준비를 마친다고 한다. 가정이라는 울타리를 만들고 보낸 많은 날들, 이제 우리는 어떤 세찬 비바람에도 흔들리지 않고 튼튼한 나무로 자랄 준비가 되었는데, 인생 종착역을 예고하는 장수사진을 찍었다. 아직 우리 부부는 서로에게 청산하지 못한 빚처럼 사과하고 이해하며 주고받아야 할 정이 많이 남아 있다. 남편은 술을 몹시 좋아하여 알록달록 오색실을 엮어야 할 신혼 초에 내 속을 무던히도 태웠다. 내가 아파 누워 있을 때 정다운 말 한마디 안 해 주었던 일이 있다. 나도 본성이 사분사분하지 못하여 남편에게 좀 더 살갑게 해 주지 못했고, 밖의 일을 한다는 핑계로 가정살림을 소홀히 한 점 등, 이런 것 저런 일 생각하며 손으로 꼽으려면 헤아릴 수 없이 많았다.

요즈음은 자주 서로를 편안해진 마음으로 바라본다. 내가 마음으로 짚어가며 하나둘 실천해 가고 있는데, 남편도 안 했던 행동을, 전혀 할 줄 몰랐던 말을 반복하고 있다. "고마워." "미안해." 자기도 빚이 있는 것을 아는 모양이다. 그런데 나는 말로는 안 된다고 혼잣말처럼 속으로 몇 번이고 되뇌고 있다. 빚을 모두 갚으려면 앞으로 우리는 백 년을 함께 살아야 한다고 생각하면서. 그러기 위해서 채무자를 달래듯이 오늘 아침, 식전에 먹으면 보약이라는 사과 반쪽을 더 얹어 주었다. 그랬더니 남편은 자기에 대한 사랑의 표현으로 알고 흐뭇한 표정을 짓고 있다. 장수사진을 찍고 시작된 동상이몽은 언제쯤 깨어날까?

아름다운 사람

몇 해 전 친구들과 산을 오르고 있던 중이었다. 산중턱에 등산객들이 모여 무엇인가를 보고 있었다. 가까이 가서 보니 그곳에는 꽃 한 송이가 피어 있었다. 바위뿐인 산에 어디서 씨가 날아와서 싹을 틔우고 꽃을 피웠을까 놀랍기만 하였다. 그리고 꽃을 피우기 위해서 얼마나 애를 태웠을까. 생명력의 진귀함이 산을 오르는 사람들의 발걸음을 머물게 하였다.

청주 사람이면 한 번쯤은 올라 보았을 상당산성. 산행이라고는 하지만 가파른 몇 곳을 빼면 정다운 사람과 이야기하면서 걷기 좋은 오솔길이다. 몇 달 만에 올라 보는 산행이었다. 동쪽 문으로 시작하여 천년의 세월에도 꼿꼿한 성벽의 등허리를 돌다 보면 정상에서 느끼는 바람이 무척 시원하다. 그래서 나는 새로운 활력이 필요할 때면 가끔 이곳을 찾는다. 산 냄새뿐만 아니라, 지금은 고인이 되었지만 평정심을 갖게 하는 사람이 그곳에 있었다. 아름다운 사람 '김흥환'. 산에 오는 사람들에게는 '얼음골 아저씨'라는 애칭으로 불리기도 했다. 산에 오면 산과 함께 만났던 사람이었다.

가정 형편이 어려워서 초등학교도 제대로 못 다닌 그는 홀어머니를 모시고 단칸방에서 어렵게 살았고, 어릴 때 나무에서 떨어진 사고로 불구가 되어 결혼에도 실패하였단다. 평소 자기보다 형편이 어려운 병약한 이와 노약자를 위하여 봉사 활동을 하고 연말이면 불우이웃 돕기 성금도 내었다고 했다. 예전에는 학교 근처나 노점에서 장사를 하여 왔다고 이야기하였는데. 칠 년 전부터 사적지인 이곳에서 장사를 한다는 죄송스러움에 주변을 깨끗하게 청소하고 산행을 하는 이들을 위하여 다듬잇돌만 한 얼음덩이를 놓아두었다. 골판지에는 서툰 매직 글씨로 "더위를 식히고 가세요."라는 친절한 안내문까지 써 놓았다. 등산객들은 팥죽땀을 흘리며 한숨을 고르는 길목에서 목에 둘렀던 수건을 차갑게 식히면서도 정작 얼음을 가져다 놓은 사람이 누구인 줄 한동안 몰랐을 정도로 드러나기를 꺼려 했던 사람이다. 얼음 위에는 보라색 도라지꽃을 얹어 놓아 얼음을 깨트려 가지 말라는 무언의 메시지를 전하기도 하였다.

그날도 사랑의 얼음을 오토바이에 싣고 비탈길을 힘겹게 오르던 중이었단다. 그가 잠시 숨을 고를 때였는지 무게 중심을 잃은 오토바이가 뒤집히면서 사고를 당하였다고 한다. 생전의 그는, 주말 새벽 4시에 출근하여 서너 번 짐을 옮기고, 주위 청소를 하고 나면 여덟 시. 직업 정신도 강하여 모든 준비가 끝나면 말끔한 와이셔츠로 갈아입고 펴놓은 좌판 앞에서 손님을 맞이할 준비자세로 나무의자에 앉는다. 아이스크림과 간단한 음료수를 팔았으며 어린아이에게는 돈을 받지 않았다고 한다. 평일에는 나무계단 밑에 보관되어 있는 그의 살림살이, 커다란 박스 안에 있는 음료수를 누가 꺼내 먹었다고 해도 "괜찮아유." 하던 사람이었다. 장소 곳곳에는 삐뚤빼뚤한 나무로 만들어 놓은 지게와 지금은 보기 드문 싸리나무로 만든 바지게, 삼태기 등이 군데군데 놓여 있었다. 그것들을 보면서 어린 시절이 떠올랐다. 손재주가 뛰어났던 바로 손위 오빠는 재주가 많았던 때문인지 단명하였다. 한번은 그가 만들어 놓은 의자에 앉아 싸 갖고 간 고구마를 꺼내 먹으며 막내 오빠 생각에 잠겨 보기도 하였는데.

인간은 살아 있을 때도 중요하지만 죽고 난 후 살다간 그 사람의 흔적이 더 중요하다고 하였다. 그러기에 사람은 '관 뚜껑을 덮어 봐야 알 수 있다'고 했던가. 그날 산을 좋아하는 사람을 좋아했던 사람. 또, 그 사람을 좋아했던 많은 등산객들은 한 송이씩 하얀 국화꽃을 그가 있던 자리에 놓기도 하고, 주르륵 흘러내리는 눈물을 닦는 이도 있었다. 나도 가끔 산에서 마주치는 그에게 간단한 목례나 눈인사만 했었다. 그런데 그가 없는 빈자리에 황량한 가을 산바람이 불고 있었고 그 바람이 가슴을 울려왔다. 선한 웃음 띤 그의 모습이 눈앞에 어른거려 한참을 그 자리에서 서성거리고 있는데, 옆에서는 생전에 그의 선행을 알리고 추모의 정을 담아 사진전이 열리고 있었다. 그가 있던 자리에는 을씨년스럽게 부는 바람만이 현수막을 펄럭이었다. 마치 그의 혼백이 구슬피 울고 있는 것 같았다. 줄지어 늘어선 조화도 없었고 그럴듯한 문상객도 없었지만 그를 아는 많은 이들의 가슴에 진한 아픔을 남기고 그는 갔다. 무수히 잘난 사람이 많은 세상이 어쩌면 그에게는 움직일 수 없는 바위처럼 하루하루가 벅차게 느껴졌을 것이고, 가파른 산길을 오르는 것만큼이나 힘이 들었으리라. 그런데도, 그는 누구보다 세상을 사랑했고, 또 세상은 그런 사람이 필요하지 않았을까. 바위틈에 핀 꽃처럼 아름다움을 피우고 가버린 사람. 그날, 그가 지고 있던 삶의 일부, 알루미늄 쇠 지게에는 장아찌뿐인 도시락 두 개가 달랑 걸려 있었다고 한다.

인생! 그것인 것을….

반성문

해 질 무렵 멀리 푸르스름하고 흐릿한 기운이 돌 때 학교에서 돌아왔다. 집에 들어서면서 '엄마' 하고 부르면 엄마와 함께 풍겨 오던 부엌 냄새는 아늑함의 냄새였다. 어렸을 적 부엌이란 여성들의 전용 공간이었다. 그런데 요즈음은 남성들이 부엌을 스스럼없이 드나들고 있다. 최근 인기 있는 '먹방'의 영향인지 어느 채널을 돌려도 요리하는 남성들이 많다. 앞치마를 두르고 곧잘 음식을 만들어내며 어떤 남성은 여성의 손 맵시보다 더 야무져 보인다. 시대의 흐름인지 어색하지는 않다. 어려서부터 부엌에 들어갈 기회가 없던 나는 부엌일을 배우지 못했다. 그래서 부엌 앞에만 서면 주눅이 들고 집안에 큰일이 있을 때는 아주 간단한 일만 주어졌다. 그런데 생각지 않게 남들이 부엌에서 졸업할 나이에 뒤늦은 입성入城을 하게 되었다.

멋있는 말로 '프리랜서'. 시간에 쫓기면서 다니던 생활에서 조금 자유로워졌다. 집에 있는 시간이 늘어나면서 나는 부엌과 친해지려고 하고 있다. 자잘한 섬세함이나 솜씨가 없는 것은 재주가 없기 때문이라고 간주해 버렸는데 새살림 난 것처럼 찬장과 냉장고를 정리하면서 반성을 하게 된다. 돌아보면 시간이 없다는 이유와 핑계로 밖의 일이 우선인 듯 동분서주하였던 것은 사실은 솜씨가 없는 자신을 숨기고 싶었던 때문인지도 모른다. 언제나 준비 없이 들어간 부엌에서 서둘러 밥과 반찬을 만들면서 '나는 못한다'고 피하며 부엌에 오래 머물러 있으려 하지 않았다.

오래전 남편이 시골 학교 근무할 때 이야기이다. 그 시절에는 지금같이 급식시설이 없었던지라 누구나 점심을 싸야 했다. 점심시간이 되면 남편의 동료 부인들과 각자 도시락을 가지고 학교 앞으로 가서 사무원에게 전해 주었다. 그때 새댁이었던 나는 살림 구단인 부인들 틈에서 어설픈 반찬을 만드느라고 쩔쩔매었던 생각이 난다. 점심시간 여러 선생님들과 함께 도시락을 펴놓았을 때 변변찮은 밥과 반찬을 보고 남편은 얼마나 민망했을까. 새삼 부끄럽고 미안한 마음이 든다. 어린 딸아이의 입맛에 맞추어 손수 간식을 만들어 주지 못했던 일도 마음에 걸린다.

내가 솜씨 없음에 노력을 안 한 것은 아니다. 요리강좌를 다녀 보고 두껍고 다양한 색상으로 된 요리책도 사 보았다. 꼼꼼하게 요리법을 정리하여 책꽂이에 잘 꽂아 놓았다. 그리고 요리하는 순서대로 따라 해 보았지만 애써 해놓은 음식은 맛이 없었다. 새삼 손맛 없는 자신에게 짜증이 날 뿐이었다. 내게 인생이 두 번 주어진다면 시험 공부하듯이 오답노트를 만들어 잘못한 부분을 모아 잘해 볼 수 있으련마는 다시없는 기회가 나를 부엌으로 소환召喚했다. '주방 일을 도와주는 아주머니가 있었다.' 하고 또 가끔 회식이 있을 때 '맛있는 음식을 사다 주었다.'는 것으로 '직무유기'는 하지 않았다며 스스로에게 위안을 삼았던 것은 결코 변명이 될 수 없었음을 오늘에야 깨닫게 된다.

연두색 형광펜으로 중요부분을 표시해 가며 잘 정리해 놓은 요리책은 지금은 쓸모없게 되었다. 핸드폰 인터넷만 찾아보아도 시시각각 변하고 있는 세계 어느 나라의 음식이라도 요리과정과 맛을 즐기는 방법까지 세밀하게 나와 있기 때문이다. 나와 같은 왕초보도 따라 하기 쉽게 자세한 설명을 덧붙이고 있다. 아는 만큼 보인다고 요즈음은 요리 방송도 보게 되고 요리법도 귀에 들린다. 이제야 알아낸 것은 음식 솜씨가 좋은 이들은 그저 '뚝딱' 하면 요리가 잘되는 줄 알았다. 그런데 그게 아니었다. 아침상을 차리면서 '저녁에는 무슨 반찬을 할까' 생각하고 시장을 보면서는 '냉장고 안에 남아 있는 재료는 무엇이며 어떻게 활용할 것인가'를 미리 준비한단다. 작은 음식 하나에도 시간과 정성을 들이며 '허둥대며 들어가는 부엌'이 아니라는 거다. 노력 없이는 아무것도 이룰 수 없다는 평범한 진리를 되새기며 무싯날 집 나갔던 며느리가 슬며시 돌아와 죄를 고하듯이, 나는 식탁 앞에 앉아 사십 년 늦은 반성문을 쓰고 있다.

짝

'짝' 이라는 주제, 어느 TV에선가 혼기를 놓친 남녀의 만남을 주선하여 인연을 맺어주는 프로그램이 있었다. 성인이 된 남과 여에게 짝을 어떤 사람을 만나느냐 하는 것은 일생에 대단히 중요한 일이다. 짝이라고 하면 흔히 이성의 상대를 생각하게 되지만 '짝꿍' '단짝' 이라고 하는 짝은 성별을 떠난 허물없는 사이의 절친한 친구로 정감이 느껴지는 단어이기도 하다. 가까운 길을 갈 때도 짝이 있으면 지루하지가 않다. 막역한 친구는 배우자인 짝 못지않게 매우 소중하다는 것은 둘 다 한 개인의 삶에 큰 영향을 주기 때문이리라. 나는 이 '짝'이라는 단어로 인한 두 번의 잊지 못할 기억이 있다.

하나는 공인중개사 활동을 시작하면서 회원과, 임원으로 만난 지기知己가 있다. 인간적인 면과 지향점이 같아 삼십여 년을 동종同種의 일을 하며 대학과 대학원을 한 공간에서 공부하며 짝처럼 지내왔다. 양쪽 집 아이들도 어려서부터 서로의 집을 오고 가면서 자랐다. 대학원 졸업여행 때의 일이다. 여행지 장소는 학교 측의 배려로 제주대학교와 자매결연이 되어 있는 연수원을 이용하기로 하였다.

우리는 해안도로를 돌며 제주도의 맛과 멋을 즐길 수 있는 계획을 세우고, 나는 내 인생의 마지막 졸업여행이라는 생각으로 맘껏 기대에 부풀어 있었다. 모든 준비는 끝나고, 비행기 표도 받았다. 그런데 짝이 갑자기 일이 생겨 못 가겠다는 것이었다. 순간 나는 온몸에 힘이 쭉 빠져나갔다. 여성이 나 혼자로 많은 남성들과 며칠 일정을 보내야 한다는 것이 무척 난감했기 때문이다. 도무지 용기가 나지 않았다. 변명의 여지없이 통관 절차를 마치고 비행기에 올랐다. 그러나 머릿속은 직면한 이 상황을 어떻게 해야 할까 하는 궁리로 골몰할 뿐이었다. 숙소에 도착하여 보니 '여성 우선'이라고 전면이 통유리 문으로 되어 있는 특실로 배정되어 있었다. 넓은 창으로 펼쳐진 파란 수평선은 끝이 보이지 않았고 갯바위에 부서지는 파도는 하얀 포말을 흩뿌리고 있었다. 창을 때리는 바다 소리에 묻혀 꿈같은 밤을 보낼 수 있는 절호의 기회이었다. 그런 기막힌 정경情景이었는데도 여행자의 감상이 전혀 느껴오지 않았다. 공통의 화제로 대화를 할 수 있고, 공감할 수 있는 짝의 빈자리가 헛헛하기만 하였다. 일행과 잠시 바닷가를 거닐다 싱싱한 회로 저녁식사를 마친 후, 결국 되돌아오는 비행기를 타고야 말았다. 깜깜한 공항을 나오며 곁에 누군가 있다는 것은 든든함이라는 것을 알게 된, 무척 아쉬운 짝 없는 졸업여행의 추억이다.

또 하나는 지금 생각해도 민망한 기억이 있다. 삼십 대 초반 중개업 초보 시절. 날이 새면 설렘과 기대로 부푸는 때였고, 매일매일이 긴장과 불안에 숨 가쁘게 살고 있었다. 당시만 해도 현장 활동을 하는 여성 중개사가 흔치 않았을 때다. 연로하신 회장님을 도와 연조가 깊은 친목회 총무를 맡게 되었다. 연중 봄 · 가을 두 번 야외행사로 봄꽃 구경을 가는 날, 행사 진행을 하면서 출발지와 도착지를 이웃에 있는 ㅇㅇ모텔 앞으로 정하였다. 그즈음 복대동 일대는 약속을 정할 마땅한 장소가 없었고 마침 내가 중개한 건물이기에 은근히 보여 주고 싶은 마음도 있었다. 출발시간에 맞추어 가벼운 옷차림의 회원들은 삼삼오오 모여들었고 드디어 버스가 움직이기 시작하자 창밖을 내다보며 일상을 벗어난다는 기분에 분위기는 한결 부드러워져 갔다.

화창한 날씨에다 점심시간에 반주를 곁들였던 회원들은 기분이 한껏 좋아져 음정이 맞지 않는 노래라도 흥에 취해 있었고, 짧은 해는 뉘엿뉘엿 저물어 갔다. 그렇게 하루 일정을 무사히 마치고 출발점이자 도착지점에서 내리기 직전 짧게 인사말을 대신했다. "여러분의 협조로 잘 다녀왔습니다. 감사합니다. 그리고 여흥이 덜 깨신 분은 짝을 지어 ㅇㅇ모텔에서 놀다 가세요." 무식이 용감하였다. 그때까지 나는 숙박업소란 여행객이 묵고 가는 것이라고 단순하게 알고 있었다. 가끔 고객 중에 여관에서 화투놀이를 하고 왔다는 이야기는 들은 바 있어서 간단한 먹을거리도 아직 남아 있고 친절함을 더한다는 마음으로 한 말이었다.

그런데 이튿날 동료 회원이 조심스럽게 전화를 해 왔다. "실수를 했다."고. 그때서야 중개 의뢰한 숙박업소를 현장 답사할 때면, 건물 내외부와 내실까지 세심하게 관찰하는 나와는 다르게 동행한 남자 중개사는 밖에만 서서 있던 이유를 알았다. 실수가 어디 있었는지도 몰랐던 나는 며칠 곰곰이 생각을 하다 원로회원 몇 분에게 전화를 드렸다. 중개업 초보자가 저지른 '무지의 소치'임을 알리고 정중한 사과의 말씀도 함께 드렸다. 그날 아마 그분들은 새파란 젊은 여성의 돌발적인 한마디에 어안이 벙벙하였을 것이다. 지금도 생각하면 얼굴 붉어지는 사건이었다.

눈물

러시아 소치에서 동계 올림픽이 열릴 때였다. 2연패를 달성한 빙속의 여제 이상화. 단상에 오르고, 태극기가 올라갈 때 여왕이 눈물을 흘렸다. 그동안 고된 훈련으로 자신을 갈고닦은 선수의 두 줄기 눈물이 빛나는 영광으로 보였다. 수상하는 장면을 TV로 보다 나도 모르게 눈물을 흘렸다. 감동이 밀려올 때 눈물이 난다. 나는 평소에 자기표현을 분명하게 하는 것을 좋아한다. 하지만 어려서부터 눈물과 웃음은 절제해야겠다는 생각을 하며 살아왔다. 그런데 흰머리가 늘어나면서 눈물샘에 이상이 생겼는지 슬플 때는 물론이고, 기쁜 일이 있을 때도 눈물이 났다.

딸의 대학 졸업식장에서 "이제 더 넓은 세계로 나가 참다운 여러분의 꿈을 펼치라."는 총장님의 축사 말씀에 눈물이 났다. '저토록 귀한 말씀을 이제 어디 가서 들으랴?' 나는 그 점이 무척 아쉬웠다. 고마운 말씀 한마디 한마디가 졸업생이나 재학생이라도 된 양 가슴과 귀에 쏙쏙 들어왔다. 딸아이는 열심히 식순에 따라 행사에 골몰해 있는 어미가 부담이 되었는가 보았다. "수상자 명단에 내 이름 없어요." 혹시나 딸의 이름이 나올까 기대했던 마음을 들켜 버렸다. 딸은 대충 보고 듣고 나가자고 했다. 물론 상을 탔으면 하는 마음도 있었지만 아직은 천진난만한 아이들처럼 웃고 떠들며 손가락을 입 가까이 대고 사진을 찍는 것이 예쁘기도 하였다. 변한 것은 내가 어렸을 적의 졸업식 날은 선생님과의 헤어짐이 아쉽고 친구와의 이별에 눈물을 흘렸다. 그런데 오늘은 감상에 젖거나 눈물을 보이는 아이는 어디에도 없었다.

초등학교 시절 우리 반 반장이었던 그 아이의 엄마는 우리 엄마보다 젊고 예뻤다. 그 애 아버지는 경찰 공무원으로 제복을 입은 어깨 위에 번쩍거리는 은색의 나뭇잎이 여러 개 붙어 있었다. 담장 위에 기와지붕이 둘러쳐져 있는 관사에서 살았고, 그 애 엄마는 웃을 때도 소리 내지 않고 살포시 웃었다. 한 번 웃음에 마음속을 모두 보이는 듯한 나의 어머니와 이웃 친구들의 어머니와도 모습이 달랐다. 감정 표현을 잘 조절하는 것이 품격이 있어 보였다. 담임선생님이 반장에 대한 칭찬을 자주 하는 것은 순전히 그 아이 어머니의 그런 모습 때문이라고 나는 생각했다. 그래서 나도 기분에 흔들리지 않는 여인이 되리라고 다짐하였다. 그런데 그게 마음대로 되는 것이 아니었다. 웃음을 참을 수 없는 것과 갑자기 눈물이 나는 것도 나의 의지와는 상관이 없었다. 길을 걷다가도 TV를 보다가도 울컥울컥 목이 메어 눈물이 나온다.

높은 건물 외줄에 몸을 맡기고 유리벽을 닦는 이의 광경이 눈물을 자아내게 하고 구정舊正날 노점에서 과일 장사를 하는 이가 대목장을 보려고 새벽 세 시에 나왔다는 이야기를 듣고도 눈시울이 뜨거워졌다. 하물며 하객으로 간 예식장에서 신랑신부가 양가 부모에게 절할 때 신부 아버지가 흘리는 눈물을 보고 나도 따라서 눈물이 났다.

객지생활 할 때 한밤중에 듣던 한 소절의 고요한 음악은 '인간 본연의 슬픔'이라고 하였던가. 가슴속 깊은 곳에서 끌어올려지던 나도 알지 못할 눈물이었고, 퇴근길에 별안간 나오던 눈물은 고달픈 하루의 때를 씻어 주는 정화의 눈물이었다. 살아오면서 웃음을 같이한 적은 있지만 눈물을 함께 흘려본 사람은 몇 명이나 될까. 손가락을 꼽아 보니 몇 안 된다.

그런데 흐르던 눈물이 뚝 그치게 한 일도 있다. 제법 비싸게 주고 산 입장권을 쥐고 서울로 상경했을 때다. 명성만큼이나 현란하고, 폭풍처럼 휘몰아치는 연주, 신들린 듯한 행복감에 푹 빠져 눈물을 흘렸는가 보았다. 동행한 옆자리 지인이 손수건을 건네주었는데 그 순간 나의 감흥은 온데간데없이 깨져 버렸다. 어느 시인은 뜨겁게 사랑할 때도 눈물이 난다고 했다. 그리고 누군가 눈시울이 붉어지고 눈물을 흘릴 때 "왜 우느냐?"고 묻지 말라고 하였다. 그때 나의 심정이 그랬다.

딸아이도 어렸을 적 내가 바랐던 것처럼 '어머니의 고상한 모습'을 나에게 바라고 있겠지만 잘 안 되고 있다. 졸업식이 끝나고 딸의 담당 교수님에게 고맙고 감사하다는 인사말을 할 때도 눈물이 났다. 졸업식 날, 마음은 세련되고 멋있는 학부모의 뒷모습을 남기고 싶었는데 눈물로 인해 그렇지 못한 날이 되어 버렸다.

매력

꾸무럭하던 날씨가 결국 봄을 재촉하는 비를 내리고 있다. 신문을 펼치니 요즈음 만들어진 많은 신조어가 보였다. 그중에 '케미'라는 말이 눈에 띈다. 이 말은 '느낌, 또는 화학적 반응을 일으키는 것을 가리킨다. 이것은 느낌에 대한 것으로 이성간의 끌림이라고 하였다. 물리 선생님이 생물 선생님과 헤어진 이유도 이 화학적 반응이 없었기 때문이라고 설명한다. 사람들은 인간관계에서 가치관이나 취미 등이 자신과 같을 때 상대방에게 느끼는 친밀한 감정이 실제보다 더 좋게 보이는데 이런 느낌을 매력이라고 한다. 매력魅力이란 사전적 의미로는 '사람의 마음을 사로잡아 끄는 힘'이라고 풀이하고 있다.

동양학자는 매력을 3가지로 나누며 말했다. 그리고 그 매력은 단전丹田에서 나온다고 하였다. 하단전의 매력은 섹시함, 중단전의 매력은 재물, 상단전의 매력은 이야기에 즉 말하는 것이라고 정의했다. 그리고 사람들은 잘 알고 있는 것의 지루함과 권태로움을 느끼는 반면 새롭고 낯선 것에는 이끌린다고 한다. 또 자신과 유사한 것에게 마음이 당기면서 매력을 느끼게 되고, 또한 재미있고 즐거운 이야기, 그리고 도움이 되는 이야기를 해 주는 사람에게서 매력을 느낀다고 하였다. 나도 그 말에 상당히 공감이 갔다. 내가 어슴푸레하게 생각하던 어떤 사안이나 상황을 분명하고 알아듣기 쉽게 이야기해 주는 사람을 만났을 때, 이성이 아님에도 강한 매력을 느낀 경험을 했다.

내가 만난 그녀도 이야기를 맛깔스럽게 하는 매력이 있었다. 주위를 흥겹게 하는 특별한 재주가 있고 성격이 싹싹하였다. 어느 곳에서나 분위기를 띄우고 이야기를 하다 보면 상대를 빠져들게 하는 흡인력이 있었다. 나는 그녀를 보며 왜 옛날 한양으로 떠나는 '사또 이야기'가 떠올랐는지 모르겠다. 기생에게 이빨까지 빼 주었을 정도로 '상대방을 흠씬 빠지게 했던 여인'이 아마도 이런 유형의 여성이었을 것이라는 생각을 했을 정도로 그녀는 매력 덩어리였다. 우리네가 오선지 위에 그려진 평범한 음표라면 그녀는 현란한 꾸밈음표였다. 본말 앞에, 또는 뒤에 빼기도 하고 더하기도 하며 이야기의 감칠맛을 나게 했다. 얼굴은 그다지 예쁘지는 않았지만 말재주가 뛰어나고 재치 있었다. 때로는 서울내기로 영악한 점이 있었지만 나와는 나이 차이가 많은데도 그런대로 이야기의 죽이 잘 맞았다.

햇살이 따사로운 봄날 점심식사를 하고 난 후 식곤증이 몰려올 때 그녀가 산책을 하자고 했다. 우리 사무실 뒤에 있는 아파트 옆으로 이어지는 둘레길을 따라가면 자연적으로 이루어진 숲이 있다. 곳곳에 심어진 꽃과 나무들이 있어서 산책하기에 좋은 길을 그녀와 걷고 있었다. 사철 멀리 가지 않아도 계절의 변화를 알려주어 아파트 주민들은 즐겨 이곳을 산책하면서 운동기구를 이용하기도 하였다. 햇살에 입이 간지러워 이런저런 중요하지도 않은 이야기를 하며 걷고 있을 때였는데 갑자기 '휘이익' 하며 강한 바람이 불어왔다. 그때 저만치 바람에 무엇인가 팔랑거리며 날아가는 것이 보였다. 그 순간 '앗' 하며 먹이를 포착한 하이에나처럼 그녀가 빠르게 뛰어가는 거였다. 고꾸라질 듯 달려가 그녀가 움켜잡고 들여다보는 것은 장난감 종이돈 '만 원' 권이었다. 손에 쥔 것을 보며 일그러졌던 그녀의 표정은 이제까지 보아왔던 매력 있는 모습이 아니었다. 두 얼굴의 사나이 헐크처럼 전혀 다른 모습인 그녀를 보았다. 잠시 뒤에 순간에 노출시킨 자신의 행동이 겸연쩍었던지 "어렵게 살았어요. 그래서 돈을 좋아해요." 하고 말했다. 누가 돈을 싫어하는 사람이 있을까마는 그녀의 돌발적인 행동은 무척 낯설게 느껴졌다.

사람마다 자신만이 가지고 있는 다른 체취가 있고, 살아온 삶의 흔적에 따라 발산하는 매력도 느낌도 다르리라. 내가 아는 어떤 분은 자기에게 보이는 나의 관심이 심드렁해 보였는가 보았다. 자기는 "어느 곳에서나 인기가 있고, 좋아하는 사람이 많다."고 하였다. 자신을 매력 있는 사람이라고 은근하게 말하였다. 그리고 자기의 매력에 감응하지 않는 나에게 못마땅함을 비추었지만. 내가 느끼는 매력은 이발소에서 방금 나온 사람처럼 깔끔하게 빗질된 모습이 아니라도 말이 없고 세상사世上事를 읽을 줄 아는 사람이다. 가장 순도 높은 매력은 솔직하고 담백한 꾸미지 않음에 있다고 생각한다.

3부

어머니의 인생에
오라버니는 화분이었다

맏이

앞을 분간할 수 없는 너덜길을 삼 남매가 걸어가고 있다. 질박質樸한 사람의 정이라고는 보이지 않는 부모 잃은 12살 맏이가 두 동생들을 데리고 간다. 손을 꼭 잡고 가는 맏이의 형형한 눈빛이 마음이 짠하게 느껴온다. '유엔 난민기구' 구호의 손길을 기다린다는 영상의 한 자막이다.

흔히 말하기를 맏이가 딸이면 '살림 밑천', 아들이면 '집안의 기둥'이라고 했거나 부모 맞잡이라고 했다. 맏이에 대한 위함처럼 보이지만 부모가 자신들의 역할을 덜어 나누어 갖자는 은근한 의미를 깔아놓은 것은 아닌지. 맏이로 태어난 것이 본인의 의지가 아니었음에도 짐부터 지워졌으니 부당하다면 부당한 일이다. '명심보감 순명편'에 이런 말이 있다. '인간사 모든 현상은 운명적인 결정에 의한다.' 운명이었을까? 맏이라는 이름으로 장남인 큰오라버님도 그렇게 우리 집 기둥 역할을 맡으셨다. 어른이 되기 전에 먼저 한 집안의 멍에같이 짊어져야 했던 짐이 무척이나 버거웠을 텐데도 언제나 동생들을 흔흔하게 대하셨다. 어머니께는 남편보다 큰 힘이 되셨다. 어머니는 든든한 버팀목인 맏이를 곡진하게 받들었다.

내가 어렸던 시절은 대개의 사람들이 고단한 삶을 이어 가고 있었다. 초등학교 다닐 때 점심을 싸오지 않은 친구들에게는 옥수수 죽이 나왔다. 그때 삼시三時 밥을 먹는 이는 거의 없었고, 한 그릇 밥에 담긴 쌀과 잡곡의 비율로 집안 경제사정을 가늠하는 기준이었다. 쌀과 보리가 반씩 섞인 것을 '반 식기 밥'이라 했는데 그만해도 괜찮은 형편이었다. 어머니는 언제나 맏이의 밥을 먼저 푸셨다. 주발의 윗부분에 쌀밥을 더 얹어 뚜껑에 눌리지 않게 하고 각별하게 챙기셨다. 잔불로 구운 김은 날리지 않게 풀대로 꾹 눌러 꼽아 상 위에 얹었다. 그런 어머니께 오라버님은 충성을 다하였다. 농업은행에 다니시던 오라버님은 은행에서 체육대회나 행사가 있는 날이면 저녁에 남은 도시락과 기념품 같은 타월을 가져오셨다. 소나무 향이 코끝에 닿는 얇은 나무 도시락에는 꽉 찬 하얀 쌀밥이 있었다.

새까만 콩자반이 윤기가 자르르하게 담겨 있고 노란 단무지와 맛있는 반찬은 생일보다 더 좋은 우리들의 만찬이었다. '자식이 밥을 먹는 모습은 바라만 보아도 좋다'고 하는 말을 들은 적이 있다. 그때 맛있게 밥을 먹는 우리를 바라보는 어머니 마음은 과연 좋기만 하셨을까. 맏이에게 곰비임비 짐을 지워준 미안한 마음이 편치 않으셨을 것이다.

오라버님은 월급을 타오면 어머니께 드렸다. 그때, 새 봉투의 월급을 장롱에 넣어 두시려고 서랍장을 열면 지난달 봉급 봉투도 뜯어지지 않은 채 그대로 보관되어 있는 것을 보았다고 생전에 오라버님은 말씀하셨다. 그렇게 아들이 벌어온 돈을 귀하게 모아 살림은 포실해져 갔고 맏이의 방패 안에서 철없던 우리들도 자라났다.

사람은 누구에게나 본능적으로 '우뚝 서고 싶은 욕구'가 있다고 하였다. 오라버님도 그러했겠지만 맏이라는 굴레에 묶여 자신은 눅진한 삶을 사셨다. 어느 날 이웃에 사실 때였다. 예감을 하셨는지 하루는 "영정사진을 찍고 왔다."는 말을 듣고 "그런 것을 무엇 하러 찍었어요?" 하고 화를 낸 적이 있다. 벌써 오누이의 정을 가르려는가 하는 마음이 몹시 섭섭하였다. 맏이라는 이름으로 힘든 짐을 져야 했던 아들, 그런 아들에게 지극정성을 다하셨던 어머니. 지금은 두 분 모두 안 계신다. 떠난 사람은 남아 있는 사람의 기억 속에 산다고 하였다. 햇빛은 찬란해도 싸한 추위가 가시지 않은 오늘 같은 날 생각이 난다. 며칠 후면 오라버님의 기일이다. 이번 제사에 가서 한 말씀 드리리라. "오라버님, 그곳에서는 절대 맏이 하지 마시고 푸르른 창공을 훨훨 날아 날개를 활짝 펼치세요."라고… .

술

싸늘한 겨울바람과 상큼한 봄바람이 섞여 불어오면 연례행사처럼 가는 곳이 있다. 여름에도 찬물에 머리를 못 감고, 감기가 잦으니 기본체력을 보강補强하여야 한다고 한의원에서 들은 이야기 때문이었다. 그래서 찾아간 곳이 ㅊ대학과 산학 협력 관계에 있는 K읍 산골에 있는 사슴목장이었다. 녹혈을 먹기 위함이었는데 그날 이것이 문제였다.

올해는 다른 일정이 있어서 가지 못하고 한 컵을 가져다 달라고 부탁을 한 터였다. 즉석에서 마시는 것과 다르게 도착한 혈은 응고되지 않게 소주를 넣었단다. 저녁 식사를 한 후 서너 시간 뒤 건강을 위하여 '원 샷'. 차르르~ 목을 타고 넘어가는 맛이 그리 거스르지는 않았다. 그런데 삼십여 분의 시간이 흐르자 취기가 오르더니 얼굴이 붉어져 오고 손과 발바닥까지 후끈하게 달아올랐다. 정신은 말짱한데 기분은 공중부양을 하는 도사처럼 붕 떠올랐다.

어렸을 적 친정 오라버님은 어쩌다 한 번 불콰한 얼굴 모습으로 퇴근하신 날은 동생들에게 더 지극한 정을 주시었다. 그래서 술을 마실 줄 아는 남자를 남편감으로 생각해 오다 술 마시는 남편을 만났다. 그런데 이건 해도 너무했다. 처음 살림을 시작한 동네 논둑길 끝에는 허름한 구멍가게가 하나 있었는데 나는 빨강 치마 초록 저고리를 입고 주전자에 술을 받아 오기도 하였다. 그때 알았어야만 했는데 늦어 버렸다. 한 달이면 하루 이틀을 빼고 술을 마셔 대었다. 젊은 날 현직에 있을 때 학교 앞에 살았을 때다. 술을 좋아하는 동료 선생님들이 오다가다 들르니 술 심부름이 잦았다.

일 년이면 삼백 오십여 일 술을 마셨는데 이유와 핑계도 가지가지였다. 어쩌면 매번 다른 사정이 그렇게 많은지. 술을 마신 날에는 앞뒤 말이 맞지 않는 희떠운 이야기를 하는가 하면, 비 맞은 중마냥 혼자 중얼거리기도 했다. 어느 때는 곧 싸움판이 벌어질 것처럼 외장을 치는가 하면 슬픈 일이 있는 사람처럼 울먹거리기도 하고, 하여튼 그날그날의 예기치 않은 상대 역할로 지치고 힘이 들었다. 채근담에 '꽃은 반쯤 피었을 때 보고 술은 조금만 취하게 마시며花看半開酒飮微醉'라는 글귀가 있는데, 남편은 이 구절을 한 번도 읽거나 들어 본 적이 없는가 보았다.

술기운이 돌자, 조였던 나사가 풀리듯이 마음이 넓어지는 느낌이었다. 관계가 소원했던 친구에게 전화를 걸고 싶어지기도 하고, 가끔 나에게 '술을 먹지 못하여 재미없다'고 했던 지인에게 전화를 하여 “나 이제 술 먹을 것”이라고 말을 했더니 “평소대로 사십시오.” 하였다. 문득 새댁시절 밤늦게 몰고 온 술손님에게 나보고 “술을 따르라.”고 했던 남편의 행동이 떠오르자 화가 올라왔다. 그래서 편안한 자세로 텔레비전을 보고 있던 남편에게 큰소리로 이름을 불렀다. 그리고 “나에게 미안하다고 하시오.” 했다. 그랬더니 느닷없는 요구와 행동에 심상치 않음을 느꼈는지 놀란 표정을 한 남편은 대뜸 “그래 미안해.”라고 말하고는 담배를 들고 옥상으로 피해 나갔다.

〈술〉이 이렇게 좋을 줄이야! 괜한 지난 일이 생각나서 웃기도 하고 울기도 하고, 뜻밖의 행동에 물끄러미 바라보던 딸은 내일이 걱정된다며 꿀물까지 타 왔다. 한 잔 술에, 사십여 년을 살아오면서 뭉쳐 두었던 속엣말을 토해 내고 단번에 사과의 말도 받아 내었다. 문학인들도 술을 사랑하는 이들이 많고, 때론 술로 빚어진 예술작품이 창작성을 높이 평가받기도 한단다. 술은 인간의 슬픔과 기쁨 곁에서 오랜 세월 함께해 왔다고 하지만, 셰익스피어는 술을 향해 ‘악마’라는 이름으로 부를 것이라고 하였는데 나도 그랬다.

전반적으로 우리 사회에서는 술을 빙자한 상태에서의 행동은 너그럽게 용서하는 분위기이지만 술로 인한 폐해는 그 얼마나 많은가. 간혹 거리에서 술을 많이 먹고 업혀 가는 것을 보거나, 만취한 여성의 흐트러진 모습을 보면 내가 가족인 것처럼 화가 났다.

‘부어라 마셔라, 2차 3차로 이어지는 술. 이튿날 술에 절어 퀭한 눈과 뒷머리가 대감의 망건처럼 쭈뼛하게 곧추서 있는 모습은 요샛말로 ‘오 마이 갓’ 이다. 어느 시인은 술을 마시지는 못해도 봄이면 매화가 만개滿開하는 섬진강변 작은 마을의 술 익는 향기가 좋아 그곳에 머문다고 했다. 은은하게 배어나오는 술의 향기처럼 술을 마신 사람에서도 향기가 났으면 좋겠다.

인연

만추晩秋의 숲이 마지막 향기를 뿜어내고 바닥을 뒹구는 낙엽은 '스르륵' '스르륵' 바람에 실려 가는 소리를 낸다. 미처 떨어지지 않은 나뭇잎은 늦가을의 끝자락이 아쉬운 듯 팔랑팔랑 춤을 추다 천천히 내려앉는다. 누구인가 '인연이란 잠자리가 바위에 스쳐 지나가는 것과 같다'고 하였다.

어느 날 저녁 "여기 ○○식당이요. 김 선생이 있고 박 선생도 있으니 나오세요." 아직도 귓가에 쟁쟁하게 들리는 듯하다. 남편과 함께 있다면서 그분이 전화를 해왔다. 남편의 선배이신 그분과의 인연은 40년이 넘는다.

신혼 때였다. 그분이 퇴근한 남편과 함께 한잔만 하고 간다며 불쑥 들어섰다. 권커니 잣거니 하던 술잔은 결국 두 분을 단칸 신혼방에 큰대자로 누워 잠들게 했었다. 그 바람에 나는 어둡고 비좁은 다락으로 올라가서 새우잠을 자야 했다. 그분은 가끔 출근길에 오토바이에 달고 온 비닐봉지를 던져 주고 가셨는데, 그 안에는 아침 밭에서 솎은 흙과 이슬이 묻은 푸성귀들이 함초롬히 들어 있었다. 객지

생활을 하는 후배에게 살뜰한 정을 주셨던 그 시절 근처에 살던 선생님들이 같이 있다고 나오라는 것이었다. 생각 같아서는 반가운 마음으로 가고 싶었지만, 나는 일과를 끝내고 막 들어와 화장을 지우고 씻고 있던 때여서 "다음에요." 하고 말을 하였다. 그때만 해도 사적인 만남이 익숙하지 않았고, 또 다른 이유는 민낯을 보일 자신이 없었다.

유안진 시인의 "입은 옷을 갈아입지 않고, 김치냄새가 좀 나더라도 흉보지 않을 허물없는 사이"라는 시의 한 구절처럼, 그분들과의 관계가 더할 것도 뺄 것도 없는 인연이었다. 그런데 다음이라고 '분명한 약속'을 드렸고, 곧 지켜질 것 같던 그 약속은 아직 몇 년째 지켜지지 않고 있다. 그분이 이듬해 병이 나셨고 4년이 지나가고 있다. 재작년에 이어 지난해에도 뵈러 갔으나 대문 앞에서 들어가지 못했다. 가족이 편안하지 않은 그분의 모습을 남에게 보여주기 싫다는 대답이었다. 생전에 한 번 더 뵙고 싶은 간절함을 거절하는 것이 분명 그분의 뜻이 아니기를 바라면서 아쉬운 발걸음을 돌려야 했다.

그분은 평교사로 만족하며 승진에는 관심이 없었다. 술을 좋아하는 점 이외에도 남편과 닮은 점이 많이 있지만 안주 없이 깡술만 먹는 남편과 달리 안주를 챙겨 드시고 살며시 주모의 손목도 잡아 보는 실속파이기도 하셨다. 시류時流에 덜 물든 모습은 여든이 넘으셨는데도 신선함이 느껴지고 '툭' 던지는 한마디 말에도 정이 묻어 나셨다. 술잔을 기울이며 하는 이야기는 옛날 학창 시절부터 꼬리를 물고 이어지다가 몇 순배 술잔이 더 돌아가면 누구인지 먼저 일어서서 교가를 부르기 시작했다. 뒤이어 목청껏 합창을 하는 두 분의 모습은 어릿광대가 따로 없었지만, 옳지 않은 일에 보이던 냉정하리만치 단호하던 모습과는 또 다른 모습이었다. 술의 향이나 맛을 모르는 나는 감겨오는 눈에 졸음을 쫓으려 무진 애를 써야 했다. 찬이슬 내리도록 술시중을 들게 하는 것이 마치 호랑이가 표상인 대학교 탓인 양 원망스럽게 생각하면서. 세월이 흘러 퇴직하신 몇 분이 가까운 거리에서 살다 보니 옛이야기를 할 수 있고 추억을 나눌 수 있는 관계가 되었다.

어느 날 남편과 외출을 하려고 나섰을 때, 현관 앞에 우뚝 서 있던 분, 뜻밖의 반가움으로 아무 생각 없이 와락 안으며 반겨 맞아 주었는데 이제 만남을 간청해도 만날 수가 없다. 검붉은 알이 굵은 포도를 맛있게 잡수시며 "어디서 사왔느냐"고 물으시던 그분. 넌센스 퀴즈에 소금, 지금, 황금 중에 지금이 제일 중요하단다. 지금 그분과의 인연이 다시 이어진다면 헝클어진 머리에 며칠 씻지 않은 얼굴이라도 얼른 만나러 나가련만… .

한 뼘 얼굴

예식장은 의외로 많은 사람들로 붐볐다. 웅성거리는 하객들 속에 계실 것만 같은 맏동서님의 얼굴이 허전함을 더 한다. 연세가 높으시고 거동이 편치 않아서 이런 날 참석을 안 하신 지는 오래되셨다. 거목처럼 어른이 집안에 계시다는 것만으로도 의지가 되었는데 지난해 찬바람이 가시지 않은 이른 봄에 잔가지 힘없이 내려놓듯이 이 세상 인연을 멀리하시었다.

맏동서님은 내게 시어머니 같은 분이셨다. 동서님은 당신이 결혼한 이듬해 남편을 낳으신 시어머님의 해산구완을 하셨다고 한다. 그래서인지 구순이 넘은 연세임에도 칠십이 넘은 시동생에게 간간이 편안하냐고 전화를 주시고, 딸아이에게는 할머니 같은 사랑을 베푸셨다. 대갓집의 맏며느리다운 늠연한 모습으로 우리에게 말없는 교훈을 주셨고, 많은 가족에게 두루두루 도타운 정을 심으셨다. 남편은 어머니보다 형수님과의 살가운 추억이 더 많다고 하였다. 아무튼 맏동서님의 정다운 모습은 중학교 국어시간에 배운 큰 바위 얼굴처럼 언제나 내 마음에 살아 계신다.

일가친척이 모이는 이런 날이면 성공한 이는 헌걸스러운 모습에 기백도 당당해 보인다. 대개는 서로에게 목례나 눈인사를 하지만 반가운 사람은 손을 잡고 그간의 안부를 묻기도 하며 이야기가 길어진다. 이런저런 인연으로 본의 아니게 부딪힐 수밖에 없는 곳이 예식장이 아니던가. 그런 부산스러움 속에서 반길 수 없는 얼굴도 만나게 된다. 오래된 기억 속의 얼굴 하나. 그 얼굴은 주위의 모든 이들과의 관계를 메마르게 하고 단절되게 만들었다.

지난날 주변에는 되돌릴 수 없는 많은 일들이 일어났다. 보통의 사람들과 비슷하게 살아가지 못하는 것에 대한 깊은 안타까움으로 질책을 해보기도 하고 절망도 하였다. 많은 이들에게 가슴앓이를 하게 한 얼굴이지만 결코 함께한 지난날을 지울 수는 없었다. 소슬한 바람이 불어온 때문이었을까. 잠시 잃어버린 그리운 옛 추억을 되찾고 싶은 마음이 들었다. 예식이 끝나고 몇시간을 같이 있었다. 그러나 오랜 세월 바닷속 깊숙이 묻혀 있던 이야기를 같이 건져 내어 말리고도 싶었던 것은 나만의 기우祈雨였다.

사람은 누구나 자기 인생의 주연主演이다. 연습은 없었지만 주연은 어떠한 역할이 맡겨져도 혼신의 힘을 다하여야 한다. 흘러간 세월이 강물처럼 가버렸다고 느낄 때쯤, 최선을 다한 주름진 얼굴 모습에 관중은 박수를 보내게 된다. 누구에게나 한 뼘도 채 되지 않는 얼굴이다. 그렇지만 각자의 삶과 인생이 담겨 있는 얼굴로 우리는 또 다른 얼굴을 만나고 헤어지며 세상을 살아가고 있다. 그날 결국 마음의 간극은 끝내 메우질 못하고 돌아왔다.

언제쯤 세월은 우리에게 마음의 빗장을 풀고 진솔한 얼굴을 마주할 수 있게 하려는지….

산

바람도 쉬어 간다는 오후 2시, 오래전부터 식사를 한번 하자는 지인과 함께 점심을 하고 산 아래 벤치에 앉았다. 푸르름을 머금은 산을 배경으로 하고 있는 저수지의 풍광이 눈이 부시도록 아름다웠다. 물 위에 반짝이는 물비늘은 바람이 부는 대로 이랑을 만들며 그림을 그리고 있는 중이었다. 타원형의 둥근 그림을 그리는가 하면 활짝 편 크낙새의 날개를 그리기도 하고, 훈련이 잘된 무용수가 군무群舞하는 듯이 정렬하였다가 흩어지기를 반복하고 있다. 마음의 고요함을 갖게 하는 목가적인 풍경이다.

건강을 위한답시고 특별하게 하는 운동이 없이 그저 일주일에 한 번씩 산을 오르내리기를 한 지 십수 년이 되었다. 동행이 있을 때도 있지만 대개는 혼자서 간다. 자유로운 시간에 마음 내키는 대로 갔다 올 수 있어서이다. 어느 날은 내가 둘레길 한 바퀴를 돌아 내려올 때쯤에야 산은 부스스 잠에서 깨어났다. 가끔 찾아가도 오랜 친구처럼 반겨 주는 산을 지척에 두고 있다는 것이 얼마나 다행한 일인가. 주말이나 휴일에는 관광차를 타고 오는 여행객이 많아서 주중 평일을 택하여 이른 새벽에 저수지 옆에 차를 대어 놓는다.

새해가 되면 해돋이를 보며 새해 가정의 평안과 건강을 기원하였다. 높거나 깊은 산은 아니지만 달리 꽃구경이나 단풍 구경을 가지 않아도 사계절 변화하는 모습을 그대로 보여 주었다. 매서운 추위와 찬바람이 에는 설한의 아침에도 햇살이 비친 양지에는 촉촉하게 겨울이 녹아들고 있었고, 봄의 전령사인 개나리가 필 때쯤이면 등산객들의 발자국 소리가 분주하게 들려왔다. 여름날 비가 오고 난 뒤 깨끗하게 씻긴 자갈돌은 마치 개구쟁이 낯 씻겨 놓은 것처럼 말끔하였다. 높은 하늘에 구름 한 점 없는 가을에는 붉은 옷으로 갈아입기 시작하며 추위가 오기 전 마지막 단장을 한다. 늦은 가을 수북하게 쌓인 낙엽을 밟노라면 '사각사각'거리는 소리가 마치 내가 첫 산객山客인 것 같은 생각이 들어 기분이 좋았다.

산을 오르는 것은 인생살이와 비슷하다고 생각해 본다. 높은 산이나 낮은 산이나 내가 올라갈 때 내려오는 이가 있고, 내가 내려올 때 올라오는 이도 있다. 나보다 먼저 오르는 이를 보고는 조급해지는 마음이 생기고 내가 내려올 때 올라오는 이를 보며 자만自慢한 마음이 들기도 하였다. 사람의 좁은 마음과 얄팍한 심사를 산은 타이르고 교훈을 주는 것만 같다.

'무엇에 비교하지 말고 분수에 맞는 너의 길을 꿋꿋하게 가라.'

'누구에게나 자기의 길이 있다.'라고….

젊은 시절 목표를 세우고 노력을 했음에도 이루지 못한 것이 있고, 예상하지 못하고 간 산행에서 비를 맞고 돌아온 적도 있다. 무리하여 정상에 오르려다 발목을 다치기도 했고, 장도에 오르는 원정대처럼 만반의 준비를 하고 떠난 산행에서 미끄러지기도 하였다.

한번은 산속에 사는 스님이 산을 오르는 것을 보았다. 한참 뒤 내려오는 스님의 양손에는 주워 온 비닐과 깡통 휴지 등이 잔뜩 들려 있었다. "짐승은 쉬어 간 자리를 남기지 않는데 사람은 흔적을 남긴다."고 말하며 가는 곳마다 도량이라고 하였다.

살면서 위안을 받는 산, 언제인가 그곳으로 돌아가야 할 산이다.

교장선생님께

우암산 단풍이 깊어 가고 있는 계절의 끝자락에서 존경하는 교장선생님께 글월 올립니다. 3년 전 고교 진학을 놓고 딸아이와 이야기를 할 때였습니다. 성적이 그렇게 좋지는 않았지만 인문계로 가서 열심히 공부하기를 바라는 부모의 마음과 달리 아이는 용 꼬리가 아닌 닭 머리가 되겠다고 호언까지 하면서 자기 의견을 강력하게 주장하였습니다. 여러 날을 두고 회유를 하여 보았지만 아이의 마음을 바꾸지 못하고 전문 계열 학교를 택하였습니다. 내심 속으로는 이제 공부는 더 멀리하겠다는 신호탄으로 알아듣고, 아직은 쌀쌀한 봄날, 시외의 한적한 마을 입구에 있는 학교 입학식에 참석하였지요.

새로운 학교생활에 긴장과 호기심이 가득 담긴 딸애의 얼굴 표정과는 다르게 뒤편에 서서 식의 진행을 지켜보고 있을 때, 여러 의례가 지나가고 교장선생님의 신입생 축사가 있었는데 “지식도 중요하지만 인성교육에 중점을 둔 교육을 하겠다.”는 말씀이 가슴에 와닿았습니다. 그 순간 아이의 고교 진로상담을 하시던 중학교 때 선생님께서 “학생 생활지도가 잘되어 있는 학교이다.”라던 생각이 떠올랐습니다. 학교 환경은 생각했던 것보다 좋았고, 우선 스쿨버스가 있어서 여학생을 둔 어미로서 안심이 되었습니다. 교사校舍 주변 산등성이에는 계절마다 피고 지는 꽃과 나무, 숲들의 변화하는 풍경은 여느 학교에서는 쉽게 볼 수 없는 것으로 한창 감수성이 예민한 아이들의 정서에 많은 도움이 될 것 같았습니다.

처음 우려했던 것보다 딸아이는 학교생활에 잘 적응하여 갔고 동아리 활동과 봉사 활동을 열심히 하며 삼 년 동안 자격증도 몇 개 취득 하였습니다. 담임선생님과 학과 담당선생님들도의 따뜻한 인간적인 배려와, 퇴근 시간도 늦추고 일요일도 반납하면서까지 가르치고자 하는 열성은 다른 학교에서는 느끼지 못한 제자 사랑이었습니다. 덕분에 아이의 성적이 많이 올라 꿈에도 생각하지 못한 일등 학생 엄마도 되어 보았습니다. 이제 고등학교 과정 마지막 학기 며칠을 남겨 놓지 않은 시점에서 글월을 올리게 된 것은 그동안 사람됨의 가르침에 열정을 다하여 주신 선생님 여러분들께 감사의 말씀을 드리고 싶어서입니다.

요즈음 주변에서는 공교육이 땅에 떨어졌다고 하기도 하고 교권이 무너졌다고도 하며, 저희 세대에서는 상상도 못할 일들이 일부 학교 내에서 일어나고 있습니다. 핵가족시대에 하나 아니면 둘밖에 없는 자식이라 더욱 소중하게 생각되어 마냥 감싸고 보호하는 것만이 부모의 사랑이라고 생각할 수도 있겠지요, 그러나 저는 그것은 아니라고 생각합니다. 그러한 아이들의 잠재력을 끌어내고 깨워 주어서, 노력하도록 다독여 주시는 가르침은 한 인간의 인격 형성에 자양분이 되어 일생을 살아가는 데 지대한 영향을 준다는 것은 새삼 말할 필요가 없을 것입니다.

세기를 넘어 읽혀지는 성서의 한 구절보다도 마음속에 그리운 선생님이 자리 잡은 사람이야말로, 거센 세파에 시달려도 중심을 잃지 않고 튼실한 이 나라의 동량이 될 것이고, 아이들의 가슴속에 마르지 않는 생명수가 되어 혼탁한 세상 곳곳을 정화시켜 나갈 것이라고 믿어 의심치 않습니다. 이제 작은 상수리 속에서 큰 참나무가 되기 위하여 걸음을 옮기어 놓으려 합니다. 그동안 바다를 항해할 수 있게 노 젓는 법과, 한 배를 탄 이들과 함께 호흡하며 조화롭게 목적지까지 갈 수 있도록 지혜를 가르쳐 주신 교장선생님과 여러 선생님께 진정한 감사의 말씀을 드립니다. 조경수의 모교만이 아닌 어미인 저도 사랑하는「현도정보고등학교」영원하길 바라면서 이만 줄입니다.

2011년 11월 13일

충북 청원군 현도면 죽암리 현도정보고등학교 3학년 1반

조경수 엄마 신 현 애

* 2012년 3월 5일자 한국교육신문 기고 〈교권이 무너지던 시기, 선생님들에게 용기를 주는 글〉이라고 평하여 실렸음.

병실 902호

병실 창밖으로 보이는 밤하늘의 별들이 밝게 빛나고 있다. 비교적 건강하게 어린 시절을 보냈던 나는 때로 병실 침대에 누워 있는 환자가 되고 싶었다. 환자복을 입고 문병 오는 이들의 위로를 받으며 맛있는 것을 먹는 것이 좋아 보였기 때문이다. 철없던 생각이 뒤늦게 실제 상황이 되었다. 평소 남편과 나는 서로 다른 운전 습관이 있다. 남편은 운전대 앞에 앉으면 폭군으로 변했다. 그래서 남편의 차를 잘 타지 않았는데, 주행거리에 따라 보험료가 산정된다는 보험사원의 말을 듣고 동승하여 보험회사로 가다 사고가 났다. 결국 오른팔이 골절되어 10주의 진단을 받고 병원에 입원을 하게 되었다.

'병실 생활'이 환자와 그 가족들만 들고나는 회색의 공간인 줄 알았다. 그런데 아니었다. 화장실 좁은 공간에서 매일 아침 샤워를 하는 사람도 있고, 어떤 환자는 출근하는 사람인 양 아침 일찍 일어나서 화장을 하고 나갔다가 저녁에 들어오기도 하였다. 보험회사 직원은 수시로 드나들었고, 어떤 이는 외출하는 이에게 먹고 싶은 음식을 사다 달라고 부탁을 했다. 대장암 말기라는 환자는 운동을 한다고 틈틈이 '워커'를 밀고 다니기도 하고. 6인실인 병실에서 서너 명의 환자들이 몇 개 방송사의 연속극을 계속 보며 하는 이야기는 끝이 없었다. 연속극을 좋아하지 않는 나는 그들의 이야기에 끼어들지 못하고 창밖을 보고 있었다.

손목을 다친 이는 많은 지인들이 문병객으로 찾아왔지만, 나는 얼마 전 집안일에 다녀간 이들에게 민폐를 주고 싶지 않아 아무에게도 연락을 못하게 하였다. 창문가에 있는 환자는 생일을 맞았다고 간병인 의자 위에 케익을 놓고 삼대 가족이 합창을 하기도 하였다. 옆 침상의 환자는 문병객들이 해 온 별식을 나누어 주기도 하고, 나는 입원할 때 보려고 갖고 온 책을 밤에 복도에서 보아야 했다. 오붓한 시간 속에 푹 잠겨 보고 싶었던 것은 생각뿐이었다. 병원은 질병을 치료하는 곳이고 병실은 환자의 회복을 위한 공간이건만…. '우리나라 병원의 실태'는 외국에서는 없는 것이란다. 하여튼 세상 속에서 일어나는 일련의 일들이 그곳에서도 고스란히 재현되고 있었다.

유리문 너머로 보이는 세상. 내가 달리기의 주인공인 것처럼 살았는데, 나와 관계없이 세상은 잘 돌아가고 있었다. 수술하는 날 전신마취에 들어가기 전, 문득 마취에서 깨어나지 못한 지인이 떠올랐다. 그 사람도 자기가 주인공인 줄 알고 살았을 것이다. 수술대 위에 누워 비장한 마음으로 유언처럼 당부의 말 몇 마디를 하려고 하니 목이 메어 왔다. 숨 가쁘게 살아왔던 지난날들이 주마등처럼 천장에 그려졌다. 세상이란 무대 위에서 혼자 뛰다 혼자 간다는 생각이 들면서… .

얼마의 시간이 지났을까, 흑백 영화처럼 마취에서 깨어났다. 가족의 얼굴이 보일 때 눈물이 볼을 타고 흘러내렸다. 벌써 몇 년이 훌쩍 지나고, 철심 제거 수술까지 받았다. 인생의 한 고비를 병실 902호에서 그렇게 넘겼다.

노스트라다무스

'노스트라다무스' 자판기 출력지의 맨 위에 적혀 있다. 어느 나라 말인지 몰라도 느낌으로는 이미 짐작이 되었으나 집에 와서 사전을 찾아보았다. 르네상스기期 프랑스 의사, 철학자, 점성가로 프랑스 각지를 방랑하면서 페스트나 풍토병 치료에 종사하는 한편 예언가의 왕으로 불린 이의 이름이다.

시댁에 다녀오는 길에 휴게소에 들렀을 때다. 음료판매대 옆에 낯선 자판기를 보고 심심풀이로 천 원권 지폐를 한 장 넣어 보았다. 「2011년 8월 20일, 사소한 일에 너무 집착하지 말고 통상적인 인습이나 관례를 존중하며 매사에 침착성을 길러야 한다. 노년까지 그렇게 하면 노력한 성과가 나타난다. 재물운은 있다. 애정운은 지극히 원만하여 화합이 잘 되고 서로 상대방에게 도움을 많이 주고, 건강운은 중년에 비만의 가능성이 있어 체력이 약해질 수 있으니 꾸준한 운동과 식음 관리를 해야 한다.」

열중하여 읽는 옆에서 바라보고 있던 딸아이도 어미가 하던 대로 따라 하려고 한다. 순간 "네가 뭘 보려고?" 말을 하였다. 세파에 물든 내가 요행의 수數를 바라는 것은 괜찮고, '청춘의 아이는 새로운 희망으로 노력을 해야지 이런 것을 믿거나 기대를 하면 안 된다'고 일장연설을 하려다 그만두었다. 문득, 어미 가재가 뒷걸음을 치고 가는 것을 본 대로 따라 하는 새끼에게, '앞으로 가라'고 가르치는 것과 진배없다는 생각이 떠올랐기 때문이다. 내가 한 그대로 아이도 천 원권 지폐를 넣고 출력지가 나오기를 기다린다. 아마도 고3 수험생이라 마음이 편치는 않은가 보았다.

철학관, 무당 할머니, 암자에 계신 스님, 많이도 찾아다녔다. '어린 동자가 얼마 전에 신을 받았다'고 하면 귀가 솔깃하였다. 요즈음은 진일보하여 인터넷 적중 사주까지도 들락거려 본다. 미용실이나 그 방면의 정보가 많은 사람들의 이야기를 듣고, 새해가 되면 으레 행사처럼 여기저기 신통하다는 곳을 찾아 새해 운세를 점쳐 보기도 하였다. '아들 많이 낳았다'는 이의 팬티도 입어 보고, '이름을 바꿔 보라'고 하여 그렇게도 해 보았다. 지나고 보면 결국 속 시원한 족집게는 아무 곳에도 없었다.

운세를 단순히 재미로 볼 때도 있지만 무엇을 추구하고자 하고 자신감이 떨어졌을 때 점을 가까이하게 된다. 이럴 때 점괘뿐 아니라 점술가와의 대화가 일종의 상담으로 작용해 불안감을 덜고 정신적

위안을 얻게 된다. 어디엔가 있을 새로운 기운을 받아 오기라도 할 것 같은 부푼 마음으로 찾아갔다가, 돌아올 때는 결국 반반인 답을 듣고도 좋은 쪽으로 희망을 걸어 보기도 한다. 오늘도 일간지 신문 한 귀퉁이에 있는 오늘의 운세를 목이 아프도록 들여다보고 있다. '귀인이 서쪽에 있다'고 하고 '구설수가 있다'고도 하였다. 몇 년 전 '큰 횡재수가 있다'고 한 날, 그날은 정말 꼭 맞았다. '과음을 하지 마라, 동분서주 바쁘기는 한데 실속은 없다'는 날은 술은 한 모금 입에 대지 못하는데도 조심을 하게 된다.

자판기에서 출력지를 받아 온 아이도 열심히 읽는다. 대낮 휴게소 식탁에서 모녀가 나란히 앉아 오늘의 운세를 뚫어져라 읽는 모습을 물끄러미 바라보는 남편. 희극의 한 장면 같다. 아직 학생인 아이에게 부부운도 나오고….

맨 끝부분에 있는 말 '정직과 성실은 인생의 어떠한 난관과 운명도 극복하고 당신에게 성공과 행복을 안겨줄 것입니다.'

나에게도 있던 똑같은 문구이다. 예언가의 왕, 노스트라다무스의 예언? 천년을 훌쩍 넘어온 '정직과 성실'은 만고의 진리인 것 같다. 그렇게 하면 모두 성공하여 행복이 온단다. 족집게는 거기 있었다.

친구

나뭇가지를 흔들며 비를 몰고 왔던 세찬 바람이 잦아든 시간, 이른 저녁을 먹고 느슨하게 앉아 있을 때 '톡' 하고 문자가 날아왔다. 어린 시절 이웃에 살았던 친구였다. 노란 해바라기 꽃을 보며 내가 생각났단다. 그간의 안부를 서로 물으며 몇 줄의 문자가 오고 가고, 나는 한참 동안 지난날에 젖어 보았다.

친구들과 동네 골목길에서 하던 고무줄놀이, 땅따먹기, 공깃돌을 위로 던지고 손등으로 받으며 해가 지는 줄도 몰랐다. 놀이에 빠져 해가 서산으로 뉘엿뉘엿 넘어갈 때 누구인가 "애야 밥 먹어라." 하는 소리가 들렸다. 그때서야 집으로 돌아가던 추억을 나눌 수 있는 친구에게 연락이 온 거다.

그동안 많은 친구들이 내 삶의 언저리를 오고 갔다. 봄, 여름, 가을, 겨울 자연의 순리에 따라 계절이 바뀌는 것처럼, 친구를 사귀는 것도 상황에 따라 달랐다. 책이 읽고 싶을 때는 도서관에서 신선한 자극을 주던 친구가 좋았고, 요리를 배우고 싶을 때는 강좌에서 만난, 맛 간장을 잘 만드는 친구가 좋았다. 뒤늦은 공부를 할 때 만난 친구는 내 일생에 가장 중요한 친구였다. 친구라고 항상 원만한 관계를 유지하는 것은 아니었다. 근처에 있는 "산에 같이 오르자." 약속을 하고 같이 올라간 산행에서 마음이 부딪치어 내려올 때는 서로 다른 길로 온 적도 있다. 때로는 손바닥을 맞추듯이 잘 맞는 친구가 있는가 하면, 가끔은 얼크러진 실타래처럼 되기도 하고, 어슷하게 비켜간 날카로움으로 몹시 마음이 상할 때도 있었다. 씨실과 날실이 교차하면서 옷감이 짜여지듯이 친구 사이도 뜨악한 관계로 끊어졌다가 다시 이어지기를 반복하면서 여기까지 왔다.

사춘기 학창시절, 넓은 운동장과 온 시가지가 내려다보이는 높은 곳에 위치한 강당이 있었다. 쉬는 시간이면 운동장 뒤편에 있던 매점에서 도너츠를 맛있게 먹다가 시작종이 울리면 설탕이 하얗게 묻은 입을 털며 마주보고 깔깔 웃던 친구. 계단식 잔디밭 교정에서 음악시간 목소리를 높여 노래를 부르던 때가 생각난다.

그런데 굴러가는 낙엽에도 웃음을 참지 못했던 친구의 어깨 위에 어느새 세월이 내려앉았다. 몇 해 전 동창회에 갔을 때 틀니를 씻는 친구를 보고 놀랐던 적이 있는데 이제는 나도 치과를 다니고 있다. 자연스럽게 건강보조식품도 찾게 된다. 오늘 염색약으로도 미처 숨기지 못한 친구의 흰 머리카락을 보며 어느 사이에 우리가 여기까지 왔을까? 먼 산을 바라본다. 언제 세월은 우리를 예까지 몰고 왔나? 잔잔하던 마음에 파란이 인다.

생풀같이 만난 우리들이 각자의 삶을 쫓아서 앞뒤 모르고 뛰어온 세월. 내가 들어도 가슴 덜컥 내려앉는 나이에 이르고 보니 친구의 말이 가슴에 젖어온다. 친구란 오래 입어 목이 늘어난 티셔츠처럼 편안함이 있어서 좋다. 때로 동반자처럼 의지가 되기도 하고 마음이 편치 않을 때 위로를 받기도 한다. 하지만 나는 많은 친구를 사귀기를 원하지는 않는다. 공감할 수 있는 이야기를 하거나 취미가 비슷하면 좋겠고, 가끔 내가 맞지 않는 말을 하여도 조용히 들어줄 수 있는 친구이면 족하다. 몹시 우울한 날 애써 명랑해지려 하지 않아도 나의 속을 짚어주는 친구, 그런 친구를 만나고 싶다.

단아한 여인

“여보세요, 집을 팔려고 하니 한번 보러 오세요.” 하여서 중요한 약속이 없는 날. 그쪽 방면 다른 몇 곳의 현장답사도 할 겸 동료 남성 중개사를 옆자리에 태우고 차를 몰았다. 내비게이션이 없던 때, 미원을 지나 청천 쪽으로 한참을 가도 이야기한 마을이 나오지를 않았다. 동료에게 다시 전화를 해 보라고 했다. 몇 마디 얘기가 오가더니 “마을회관 옆에 여자 혼자 사는 집이라면 알아요.” 하는 거였다. 끝말이 나에게는 하지 않았던 말이다. 마을회관을 찾아 겨우 알아낸 집에 다다랐다. 그런데 그곳에는 시골 마을과는 좀체 어울리지 않는 단아한 모습의 여인이 서 있었다.

닭벼슬 같은 맨드라미가 피어 있는 한낮, 그곳은 동화 속에서 나옴 직한 그림 같은 집이었다. 탈모가 시작된 머리칼처럼 듬성듬성한 싸리나무 울타리를 강낭콩 줄기가 감고 있었으며, 마당 한 귀퉁이 가두어 놓은 물웅덩이에는 대여섯 춤의 벼가 튼실하게 자라고 있었다. 못에는 붕어, 올챙이가 꼬리를 치며 노니는 중이었다. 졸졸 물이 흐르는 곳에는 빨랫돌까지 놓여 있었는데, 어린 시절 빨래터에서 방망이 소리에 장단을 맞추다 셔츠가 미어져 어머니에게 꾸중을 들었던 일을 떠오르게 하였다. 담장 밑으로는 미나리가 우긋하게 올라오고 있었다. 현관문을 열고 들어간 거실에는 갈무리한 농촌의 가을 들녘을 연상하게 하는 크고 둥근 호박, 수수와 노랗게 익은 조 한 다발이 삼태기에 푸근하게 담겨져 있었다. 방은 모두 세 칸이 있었는데 방마다 각기 다르게 꾸며 놓은 것이 누구인가를 기다리고 있는 것 같았다. 잔잔한 음악이 흐르고 구석진 곳에서도 재미가 솔솔 나옴 직한 분위기였다.

국화잎이 붙여진 한지의 창문 밑에는 방금 불을 밝힌 듯이 초롱과 담뱃대가 가지런히 놓여 있었고, 또 다른 방에는 연분홍 공단 침대 시트에 바닥에는 고급스러운 양탄자가 깔려 있었다. 한쪽 벽면을 온통 장식한 벽에는 수수깡으로 자디잘게 쪼개어 붙이느라 몇 해가 걸렸다는 난생 처음 보는 걸개그림이 걸려 있었으며, 천장의 등에는 공주님의 치맛자락 같은 주름진 덮개가 씌워져 있었다. 이런 시골집에 방마다 멋있는 유럽풍의 침대가 놓여 있는 것이 도무지 이해가 안 되었지만, 열심히 설명하는 중이라 듣고만 있었다. 더욱 놀란 것은 물 한 잔을 주겠다며 주방에 있는 냉장고를 열었을 때, 칸칸이 잘 정리되어 놓여진 음식과 과일, 병마다 담겨 있는 술이었다. 도라지, 칡, 더덕, 인삼, 사슴의 뿔을 넣어 만들었다는 녹각鹿角주도 있다고 하였다. 안주로는 수삼 썰어 말린 것, 콩자반, 육포와 건과乾果가 켜켜이 쌓여 있었다. 분명히 여인 혼자 산다고 했는데 이 많은 것을 누가 먹을까? 갈수록 미로의 늪으로 빠지는 것 같았다.

그동안 도시의 좋은 집을 많이 보아 왔고, 설계가 잘된 아파트 전시관을 관람하였지만, 이렇게 인테리어가 잘되어 있는 집은 처음이었다. 오밀조밀한 솜씨는 여인의 높은 안목이 예사롭지가 않다는 것임을 알 수 있었다. 때때로 현장답사를 하다 보면 예상치 못한 희귀한 물건을 보기도 하는데 이곳도 그중의 하나였다. 우리의 의미심장한 마음과는 관계없이 여인은 조신한 말로 지관이 "앞산이 마주보고 있어서 나랑 맞지 않는다."고 말하였단다.

말을 맺으며 풀지 못한 퀴즈처럼 아쉬운 마음으로 나오려던 때, 나의 눈에 섬광처럼 들어오는 것이 있었다. 눈에 뜨인 상호와 이름, 신발장 위에 놓여 있는 달력과 탁자 위의 낯익은 명함을 보고 의문의 실마리가 조금은 풀리는 듯했다. 단아한 외모의 여인, 말씨나 얼굴 어디를 보아도 홍진 바람과는 마주친 적이 없을 것 같은 고운 여인, 천생 여자, 음전한 여인은 한적하고 후미진 곳에서 풍진세상과 치열한 삶을 살아내고 있었다. 그때 전국을 떠들썩하게 했던 방송. 미녀가 몰려 있어 유흥업이 번성하였던 그곳에서 여인은 사람을 불러들이는 사업을 하고 있었던 것 같다. '단아한 여인의 하는 일이 그 사건과 결코 무관하지는 않았으리라'는 생각을 하게 된 것은 한참 시간이 지난 뒤였다.

열정

콘서트에 갔다. 많이 알려져 있지 않은 〈지 앤 디〉 그룹사운드의 '지금 내가 할 수 있는 건 당신을 사랑하는 것뿐입니다.'라는 주제곡이 소울soul과 재즈로 이어졌다. 어린아이가 한창 흥이 나서 하는 몸짓과 표정의 귀엽고 예쁜 모습을 보며 "짓 하네"라고 한다. 아이의 순수함에 빠진다고나 할까. 연주회는 시대와 세대를 넘나드는 다채로운 향연으로 이어졌다. 콘서트홀의 음향, 리더 격인 기타리스트, 현을 하나하나 뜯어서 박자를 채우는 그의 손은 예술이었다. 드럼과 기타, 보컬의 몸을 사르는 열창은 어린아이가 짓이 난 그 모습과 닮아 있었다. 넓은 홀은 열정의 도가니였다. 칠백여 명의 관객들은 무대 위의 몇 사람에 의해 완전히 녹아 있었다. 인적 드문 솔숲에서 밀려오는 새벽안개처럼 온몸을 촉촉하게 적셔 왔던 시간. 긴 호흡 끝에 몰아쉬는 짧은 음 하나에도 정열을 다하던 그녀, 자신의 인생음계에서 한 박자도 잊어버리거나 건너뛰지 않고 혼신의 힘을 다할 것 같다는 생각이 들었다.

처음에는 열정을 가지고 시작한 일, 때로는 늘 해오던 일이 싫증이 나고 귀찮아질 때가 있다. 우울해지는 마음을 잡으려고 무엇인가를 찾고 싶을 때 음악 연주회나 연극 공연장을 찾게 된다. 열정을 가진 사람, 정열적인 사람을 보기 위해서이다. 나는 열정이 있는 사람을 좋아한다. 왜냐하면 그에게서 뿜어져 나오는 정열은 주변에 있는 이에게도 전달되어 새로운 기운을 전해 오기 때문이다. 객석의 환호로 불타던 밤, 그녀를 보며 '사람이 꽃보다 아름답다'는 노래 가사의 의미를 알았다. 때로는 최소 인원의 관객 앞에서도 열정을 다한다고 하는 그들. 왜곡되지 않은 순수한 정열은 한 사발의 보약이 되어 느슨했던 생활에 활력을 찾게 해준다. 만열滿悅한 꽃, 흥이 오른 그녀의 율동 하나하나는 활짝 핀 한 송이 큰 꽃이었다. 흔히 청춘이 빛난다고 하였는데, 열정 있는 청춘보다 아름다운 보석은 없으리라. 마음속을 울리는 뜨거운 울림, 젊은 날 끝이 보이지 않는 지평선 같던 마음에 담고 있던 어느 목사님의 글 하나가 있다.

목숨을 바칠 헌신의 대상

하얀 겨울이 시작되는 어느 날, 야망에 불타는 일단의 청년들이 모닥불을 피워 놓고 담론에 꽃을 피우고 있었다. '나는 무엇을 가장 가지고 싶은가?' 라는 주제를 놓고 저 나름대로의 꿈과 야망을 이야기하고 있었다. 그 대상은 돈도 있었고 권력도 있었다. 지식도, 사랑하는 애인도 포함되어 있었다. 그런데 그중 한 사람만은 묵묵히 타

오르는 불꽃을 바라보며 말이 없었다. 친구들이 묻기를 계속하자 그 청년은 주먹을 불끈 쥐고 '나는 감격하고 싶다. 이 차가운 가슴에 불이 탔으면 좋겠다.'고 외쳤다. 가슴을 뛰게 하는 것…. '열정'

꿈결 같은 곡을 건반 위에 뿌려 놓는 유명한 피아노 연주자는 말했다. 예술의 힘은 엄청난 수양을 통해서 터득할 수 있는 '혼 놀음'이라고. 알 듯 모를 듯한 예술의 차원. 열정을 다한 삶은 그 떨어짐도 아름다워라. 혼을 다 쏟아내고 비워지는 정열, 푹 익어져 나오는 발효의 원리처럼 연주회의 백미였던 그녀. 자신도 열정에 취하고 관객도 행복하게 한 밤이었다. 몇 날을 충만한 사랑에 흠씬 빠져 지냈다. 어느 위치에 있든 이제는 자기 나름 인생의 꽃을 피워야 할 때가 되었다. 그룹사운드의 테마곡 '지금 내가 할 수 있는 건 당신을 사랑하는 것뿐입니다'. 사랑도 열정이다. 긴 여운이 남는다.

필요한 것

갑자기 고속도로 위가 어수선해졌다. 질주하던 차량이 정차하고 급정거를 하며 갓길에 차를 댄다. 무슨 일인가 했더니 어느 차에선가 떨어진 가방에서 5만 원권 지폐가 바람에 흩날리고 있었다. 차에서 내린 운전자들이 여기저기 날아가는 돈을 쫓아가며 줍고 있다. 위험을 무릅쓰며 돈 줍기에 여념이 없다.

돈! 살아 있는 동안 필요한 것 중의 하나이다. 대체로 누구나 좋아하면서도 드러내 놓고 이야기하기를 꺼려하는 것이 또한 돈의 이야기일 것이다. 그동안 돈의 여러 가지 모양을 보아 왔다. 방금 발행하여 나온 듯 깨끗한 신권의 파르스름한 세종대왕의 얼굴이 있는가 하면, 시장 곳곳을 둘러 할머니 속주머니에서 나온 것 같은 신사임당의 구겨진 돈이 있고, 한쪽 귀퉁이가 찢어지고 어떤 것은 화상을 입기도 했다. 돼지 저금통에 모여졌다 동시에 나온 동전은 오랜만에 보는 햇살이 눈이 부신 듯 찡그린 얼굴을 하고 있다. 그리고 자금 세탁을 위해 보스턴 가방에 가득 담겨온 돈도 보았다.

그날 계약서 작성의 끝부분 양쪽 당사자의 협의 내용이 이루어지고 도장을 찍을 때, 매수인이 탁자 위에 내어놓은 돈을 보고 깜짝 놀랐다. 백만 원 단위로 묶인 뭉치가 비닐로 칭칭 감겨 있었다. 마치 미이라의 형상을 한 돈들이 가방에서 나오는 것이었다. 모두들 의아한 표정으로 바라보고 있었다. "돈이 왜 이래요?" 궁금증을 참지 못하고 물어보았다. 번잡한 시장에서 정육점을 하고 있다는 그는, 점심으로 십 분이면 먹을 수 있는 자장면 한 그릇을 제대로 먹어본 적이 없을 정도로 장사가 잘되었다고 한다. 그래서 은행 갈 시간이 없어서 돈이 모이는 대로 비닐에 싸서 고기 넣는 큰 냉장고에 던져 넣어 두었기 때문이란다. 돈은 눅눅한 돈 덩어리 그 자체였다.

그곳 시장에는 저녁이면 금고 직원이 상가마다 돌며 수금을 하고 있다고 하였다. 30대 후반의 그는 부지런하게 생겼고 이재理財에도 밝아 보였다. 몇 해를 그랬다고 하니 그동안 모았을 돈의 액수가 아무리 생각해도 가늠이 되지 않았다. 모은 돈을 여러 곳에 나누어 투자하는 방법도 잘 알고 있었다. 그때까지만 하여도 그 사람이 대단한 사람으로 크게 보였다. 그런데 '뛰는 자 위에 나는 자 있다'는 속담처럼 그 후에 그가 다른 사업을 하다 실패를 하였다는 후일담을 듣기도 하였다.

야블론스키의 〈감성지수〉에 있는 글, 미남도 아니고 매력도 없는 사나이를 마지막 데이트라고 생각하고 나간 여성이, 우연히 돈이 많은 사람임을 알고는 예전에 본 얼굴이 아닌 '매력적이고 활기찬 남성으로 보여서 갑자기 사랑이 용솟음쳤다.'는 이야기가 있다. 돈이 사람의 마음을 얼마큼 지배하고 움직이는가 하는 그 힘을 말하기도 하는 것 같다.

때로 상대방이 돈만 생각하는 느낌을 받는 순간 사람의 정은 떠나기도 한다. 그런데 한동안 소식이 없던 지인으로부터 평수가 넓은 곳으로 집을 옮겼다는 이야기를 들으면 그에게 아무 보탬이 되어 주지 않았음에도 심기가 편치 않은 것은 왜일까.

1년 365일 잠시도 돈을 떠나서 살 수 없는 세상살이, 누구도 자유로울 수 없는 돈이다. 세상사 모든 관계에서 돈과 연관되지 않은 일이 얼마나 있을까. 돈의 위력은 염라대왕의 부름도 늦추어 갈 수 있다고 하지만 우리에게 필요한 것은 36.5℃ 사랑의 온도가 아닐는지.

4부

더울 때는 더위가 되고
추울 때는 추위가 되라

깨달음

우리 동네 시장 입구에 국화빵 장사를 하는 부부가 있다. 어느 날 예고 없이 해거름에 낯모르는 사람 너댓 명과 함께 나의 사무실에 왔다. 같이 온 사람들은 가게를 '내놓은 사람'이고 자기는 그것을 '얻으려고 하는 사람'이라고 간단한 소개를 하였다. 이야기의 전 · 후를 들어보니 작은 가게에 써 붙인 '점포 임대'라는 광고를 보았고 그 가게를 자기가 얻으려고 한다면서 양자兩者 합의가 이루어졌으니 "오만 원만 받고 계약서 한 장을 써 달라."는 것이었다. 순간, 나는 그 사람들이 나를 모욕하는 줄 알았다. 내가 하고 있는 일, 부동산 중개업 법정수수료에는 그런 액수는 없었다. 처음 듣는 이야기이고, 그렇게 요구를 해 오는 사람도 없었다.

잠시 고민하다 "계약서 작성 대필만은 하지 않는다."고 잘라 말했다. 서로 그렇게 어정쩡하게 있다 그들이 돌아가고 나는 그들의 뒷모습을 보며 뭔가 부족했다는 생각을 하게 되었다. 그것은 바둑시합에서 한 수의 바둑알을 손끝에서 놓는 순간 허수虛數임을 아는 그런 느낌이었다. '왜 그랬을까? 이건 아닌데.' 몇 날이 지나도록 그날의 일이 머릿속에서 지워지지 않았다. 평소 나는, 나의 일에 관해서 고객에게 최선을 다하고 정당한 대가를 받는다는 오랫동안 지켜온 나름의 소신과 신념이 있었다. 지금 와서 생각해도 그것은 잘못된 것은 아니다. 그럼에도 그날의 일은 풀지 못한 실타래처럼 뇌리에서 떠나지를 않았다. 그리고 어찌된 일인지 그날 이후 여러 가지의 일들이 얽히면서 자신의 한계를 느껴 며칠간 일을 쉬기로 하였다. 많은 시간 궁리를 하며 종교를 떠나 마음 닦는 법회에 참석해 보고, 사회적 시간을 뒤로하고 공간이동을 하여 지리산 계곡에서 자신과의 만남도 시도하여 보았다.

아침 기상 시간이나 취침 전 일정한 시간을 정해 명상의 시간을 규칙적으로 수행하는 체험도 해 보았다. 침묵 속에 푹 가라앉아 생각해 보니 허접한 것들에 한눈팔며 부질없이 흘려버린 것들이 너무 많았다. 고요하고 적막함 속에서 보이지 않던 지나온 날들이 조금씩 보이기 시작하였다. 몇 번을 반복하다 보니 흔들어서 차고 넘쳤던 일들, 열정을 허투루 소모해버린 어리석음이 뒤늦은 후회로 다가오기도 하였다. 걸어온 발자국을 돌아보며 날마다 허물을 걷어 내고, 걷어 내었지만 수면 위로 떠오르는 거품은 그 이어짐이 끝이 없었다. '하심下心', 모든 것을 수용할 수 있는 큰마음. 산다는 게 때로는 가위로 오려 주고 뒤로 접어야 하는, 이 필요한 것들을 놓치고 있었다.

있는 그대로 마음을 내려놓기만 하면 된단다. 내가 만든 '규정과 여러 가지의 틀을 바꾸면 되지 않겠느냐.' 나 스스로에게 주문을 외우며 기도했다. 마음을 비워 나가자 "더울 때는 더위가 되고 추울 때는 추위가 되라."는 법정스님의 법어록에서는 한동안 책장이 넘어가지를 않았다.

얼마나 시간이 지났을까? 그들 내외는 아직도 그 자리에서 천 원에 여섯 개 주는 풀빵을 굽고 있다. 몇 번을 망설이다가, 어느 날 용기를 내어 빵을 사면서 말했다. "그때는 미안했다."고 했더니 그가 하는 말 "뭘요 다 지나간 일인데요. 그리고 집도 샀어요."라고 하였다. 그랬다. 그들은 나보다 한 수 위였다.

그날의 일을 생각하며 나는 늘 새로운 일에 대하여 조심스럽게 받아들이며 하루를 보내고 있다. 여느 때처럼 분주하게 빵틀에 기름을 먹이고, 반죽을 붓고 있는 그들 부부의 등 뒤로 붉은 저녁노을은 지고 있었다.

다리

'마음을 여는 절'이라는 이름을 가진 서산 상왕산 기슭에 있는 사찰에 들어섰다. 저녁 해가 이울고 있는 시간, 이름처럼 저절로 마음이 열리며 숙연해진다. 저만치 고요 속에서 연등을 따라 연못 위로 놓인 외나무다리를 건너고 있는 스님 두 분이 있다. 합장한 손엔 염주가 들려져 있는 것이 보인다. 구도의 길인 양 보폭을 가지런히 하고 사부작사부작 걷는 걸음걸이와 다르게 머뭇거림이 없이 돌려가는 염주 알엔 무슨 기도를 담았을까. 직사각형 연못 경지境池 위로, 봄날 지천에 새싹 같던 무수하던 인연들은 어디로 가고 호젓하게 두 분만 걷고 있다. 한 폭의 그림 같은 스님들의 수행길에 뜻을 모으기라도 하려는가. 여러 가지 꽃들과 식물들마저도 다소곳이 질서정연하게 피어 있어 인적이 드문 곳이어도 덜 적적해 보인다.

어렸을 적 성당을 갈 때 건너는 다리는 바깥세상을 이어주는 가교였다. 여름철 장마로 물이 불어났을 때는 황토색의 거센 물결이 무서워 시장을 둘러 마차다리를 건너갔다. 맑은 날이면 훨씬 아래쪽에 있는 지름길인 돌다리를 건넜다. 신발을 벗어 들고 복숭아뼈를 드러낸 맨발로 건너기도 하고 새 운동화를 신었을 때는 물에 젖을세라 조심해서 건너기도 하였던 다리. 댓돌 같은 넓은 돌이 있는가 하면 작은 돌을 고여 얹어 놓은 곳도 있었다. 언제나 다리 앞에 서면 덜렁대던 마음을 차분하게 가라앉히고, 주머니에 넣었던 손은 뺀다. 그리고 허리를 살짝 굽혀 무릎을 모았다. 많이 건너본 다리이지만 한 발 두 발 떼어 놓을 때마다 처음인 양 속으로 숫자를 센다. 자칫 균형을 잃고 발을 헛디디어 물에 빠지고 넘어지면 상처를 입게 되니 말이다. 서두르지 않고 숨을 고르며 조심을 했는데도 한 발이 빠진 날에는 물에 젖은 발을 보고서야 중심을 잘못 잡았다는 것을 알게 된다. 햇빛이 있는 날이나 비 오는 날, 바람 부는 날에도 살펴 건너기는 매한가지였다.

어느 겨울날 빨리 가려고 얼음판 위를 걷다가 개울 한가운데서 얼음이 뿌지직뿌지직 갈라져 내려앉는 바람에 풍덩 빠져 버렸다. 발은 몹시 시려 왔고 바짓자락에 묻은 물은 집에까지 오는 동안 얼어붙어 걸을 때마다 서걱서걱 소리가 났다.

마을과 이웃을 소통케 한 다리. 고향을 떠나 세상 밖으로 나온 세계는 온통 다리로 형성되어 있는 것 같았다. 이곳과 저곳을 이어주는 다리가 있는 것처럼 형태만 다를 뿐 인간관계에서도 온통 다리를 건널 때처럼 조심스러웠다. 친구 관계나 사회생활에서도 이쪽과 저쪽을 이어주는 다리 역할을 하는 이가 있는가 하면 다리를 끊어놓는 역할을 하는 이도 있었다. 시끌벅적한 속세에 있거나 깊은 산속에 신선같이 도량에 있거나 다리를 건널 때 조심하는 마음은 마찬가지이리라. 뒤를 돌아본다. 살아오는 동안 나는 어떤 다리의 역할을 하며 살아 왔고, 앞으로 어떤 다리가 되어 살아가야 할까. 이제까지 건너온 다리는 몇 개이며 앞으로 건너가야 할 다리는 또 얼마나 남았을까. 철다리, 돌다리, 나무다리, 섶다리, 콘크리트다리.

아직도 낯선 다리 앞에 서면 주저하는 마음이다. 일상의 징검다리인 하루하루, 언제나 혜안慧眼이 열릴까. 언제쯤이면 인생의 다리를 '철커덕 철커덕' 철교를 건너가는 기차 바퀴 소리처럼 힘차고 거침없이 건너갈 수 있을까….

생활의 도道

솜사탕 같은 구름은 산허리에 걸려 있고 저녁노을에 반사된 오방색의 단청이 휘도는 마음을 잡는다. 산중의 암자는 시간이 멈춘 공간처럼 고요한데 스님의 낭랑한 독경 소리와 목탁 소리가 바람결에 들렸다 끊어지기를 반복하며 흩어지고 있다. 겸손하지 못해서 지은 죄, 용서하지 못해서 지은 죄. 종교는 다르지만 즐겨 듣는 불교 방송이다. 백팔 배 절을 올릴 때마다 하는 참회의 기도를 들어보면 자신을 얼마나 낮추고 살아야 하는지 깊은 뜻을 새겨듣게 된다.

한적하고 평화로운 오후. 푸르고 맑은 하늘은 높고, 비로 씻겨진 들꽃은 곱고 새뜻하였다. 일행과 점심 식사를 마치고 이웃한 블루베리 농장을 둘러보던 참이었다. 이곳, 저곳 수확한 과실을 보며 농부의 설명을 듣고 발을 옮겨 놓는 순간 '딱' 하는 소리와 함께 힘없이 앞으로 넘어졌다. 어찌나 세게 부딪혔는지 하얀 별이 번뜩였다. 땅과 얼굴을 맞닿고 엎드린 채 잠시 있다가 간신히 부축을 받으며 일어나서 옆의 의자에 앉아 정신을 추슬렀다. 농장 주인이 농원에 물을 대던 호스를 걷어놓지 않아 발에 걸렸던 것이다. 안절부절하며 사과하는 농부의 말이 남에게 하는 말처럼 들렸다. 이상한 것은 무릎이 깨지고 왼쪽 볼에 상처가 났는데도 화가 나지 않았다. 평소의 나와는 달랐다. 행여 내 인간됨의 도가 0.1mm라도 깊어진 것일까.

풍경이 좋은 날, 전혀 예측하지 못한 사고, 무심하게 내딛은 한 발짝이 '이렇게 인생을 마감할 수도 있겠구나.' 하는 생각뿐이었다. 세상살이 한 치 앞도 알 수 없다고 하던 말이 실감이 났다. 건축가가 설계도를 준비하며 선 하나에도 정성을 다하듯이 아침이면 오늘의 할 일과 중요한 일을 구분하여 먼저 할 일과 나중에 할 일을 정하였는데 이날의 사고는 어디에도 있지 않았다. 생각해 보아도 나에게 잘못이 없었다. 들뜬 마음이 아니었고, 침울한 기분은 더욱 아니었다. 편안한 사람들과의 좋은 시간이었는데.

담당의사는 "하체 근육이 약해져서…."라고 평범한 처방을 하며 자연스런 현상이라고 했지만, 앞으로 넘어졌던 나는 뒤통수를 크게 맞은 기분이었다.

며칠 멍해진 마음으로 이런저런 생각을 하게 되었다. 새집을 짓고 건축법보다 넓은 주차장을 만들었지만 길가, 학교 옆인 관계로 불법과 잘못된 주차로 늘 시비가 있어 왔다. 꽃이 활짝 핀 화분을 현관에 놓아두면 누군가 들고 가버리고, 황급한 취객이나 행인은 계단에다 신체의 위 또는 아래 구멍으로 오물을 마구 쏟아 놓고 갔다. 그리고

까다로운 세입자는 얼토당토않은 이유를 걸어 왔고, 때로는 동이 트지도 않은 시간, 2층 의료기 체험을 하려고 온 노인들이 6층 우리 집의 초인종을 눌러 대었다. 시도 때도 없이 시골 방에서 이야기하듯 끝나지 않는 웅성거리는 소음은 나를 하루하루 생활의 투사로 만들었다. 화난 마음은 건드려지는 작은 것에도 짜증이 났다. 진정이 안 되는 마음은 성당을 다녀와도 나아지지가 않았다.

평소 영화, 음악 감상, 좋은 글을 보며 잡다한 생각의 찌꺼기를 걸러 왔는데 '넘어진 김에 쉬어 간다.'고 며칠 두문불출하며 일상을 돌아보게 되었다. 곰곰이 짚어 보니 사소한 것에 대한 부주의가 나에게 있었다.

잘 산다고, 살아 보겠다고 계획하며 살아왔던 날들인데….

어느 날 갑자기 계획에도 없이, 생의 종말을 맞이할 수도 있겠다는 생각이 들자 마음이 차분하게 내려앉는다. 어느 승려의 말이 떠오른다. '머리를 깎고 장삼을 입지 않아도 일상에서 얼마든지 수행할 수 있다.'

기도처도 아니고 큰사람의 가르침도 아니었건만 일상생활에서 깨달음을 얻었다.

용서

서른세 살의 주인공 신애, 그녀가 아들 준이와 남편의 고향을 찾아간다. 교통사고로 남편을 잃으면서, 피아니스트로서의 성공, 단란한 가정을 이루고자 했던 꿈과 소망, 이미 그녀는 많은 것을 접어야 했다. 상영관의 불이 꺼지면서 연약한 풀벌레처럼 웅크린 그녀의 등에서 새어 나오는 울음소리를 듣게 된다. 시내에서 떨어진 외곽, 고장 나 도중에 멈춰 버린 차로 인하여 그녀는 카센터 사장 종찬을 만나면서 영화는 시작된다. 2007년도, 60여 회의 전통을 갖고 있는 '칸' 영화제. 이창동 감독, 배우 전도연에게 여우주연상을 안겨준 영화 '밀양'. 축적된 세월의 향기, 오롯한 위양못과 그 주변의 청보리밭이 참 아름답다. 쉬 보기 어려운 옛것과 근대의 낡은 풍경들이 어우러진 곳, 화악산 아래 휘휘 늘어진 버드나무. 완재정 풍광, 담장 역에선 오월의 이팝나무 꽃이 전국에서 내로라하는 사진작가들의 발걸음을 잦아지게 하는 이유라고 한다.

피아노 학원을 운영하면서 생활하는 신애는 돈 많은 과부로 소문나면서 어느 날 괴한에게 납치된 아들은 싸늘한 주검으로 그녀 앞에 나타난다. 남편에 이어 아들을 잃고 넋을 놓은 신애에게 다가오는 약국 김 집사. '용서하라'고, 인간의 아픔은 신만이 치유할 수 있다고 하며 기도회로 이끈다. 처음 신을 부인하던 주인공은 견딜 수 없는 고통으로 오열하지만 점차 기도로 풀어낸다. 그리고 '예수님의 이름으로 원수를 사랑하겠노라'고 맹세한다. 그리고 멋지게 그 극복을 증명이라도 하고 싶어 형무소에 있는 범인을 마주하게 된다.

내리쬐는 햇볕 때문에 더욱 가슴 아픈 그녀는 떨리는 손과 마음으로 간신히 입을 연다. "주님의 사랑으로 당신을 용서하기 위하여 왔다"고. 그런데…. 범인은 너무나도 태연하고 담담한 목소리로 답을 한다. 이미 자기는 "하느님께 용서를 받았다"고. 너무나 충격적인 선언 앞에 가까스로 지탱하던 신애는 참담하게 무너지고 만다.

가해자의 가증스런 행동에 회까닥 돌아버린 신애는 용서라는 말을 뒤집어 버린다. 애써 누르려고 했던 감정이 폭발되고 한 가닥 잡은 관용의 마음은 어디론가 사라져 버린다. 그리고 자신의 삶을 송두리째 밟아 버린다. 누가 누구를 용서했단 말인가. 죄 지은 자와 용서하는 자가 분명하지 않은 세상에 대하여 주인공은 분노하고 있다. 가해자가 잘못했다는 말 한마디만 했어도 두 사람의 삶은 분명 달라질 수 있었다. 회개와 용서. "진정한 마음이 없으면 상처를 치유할 수 없고, 진정성이 없는 용서는 상처를 키운다."고 했다. 가슴속 깊이에서 치밀어 올라오는 분노. 종교는 과연 우리를 구원의 길로 인도하는 것일까.

성경에 용서라는 말이 이백 여섯 번 나온다. 용서는 인간이 하는 행동 중에 가장 위대한 행동이라고도 했다. 영화는 자신이 믿고 있는 삶의 이유와 원동력을 잃게 되는 순간 어떻게 반응하게 되는지를 처절하면서도 사실적으로 보여주고 있다. 스스로 치유할 수 있다고 믿었던 그녀, 힘겹게 잡고 있던 삶의 끈을 순식간에 놓아 버린다. 넋빠진 모습, 절대자라는 신을 통한 상처의 회복과 삶의 이유 앞에 발버둥을 치는 그녀는 하늘을 비웃기라도 하는 듯이 장로를 유혹하여 환한 대낮에 정사를 벌인다.

유교의 기본 경전, 사서삼경의 하나인 대학에서도 덕을 실현하는 방법을 설명하고 있는데, 상대를 이해하는 마음인 '서恕'를 최고의 덕목으로 꼽았다고 한다. 그러나 한국 가톨릭계의 수장, 정진석 추기경님도 용서에는 순서가 있다고 하였다. 십수 년 교정 사목을 하는 신부님의 말씀은 용서하지 못해 가슴앓이하는 이들이 의외로 많다고 한다. 기도하는 이들도 용서를 순교에다 비교했을 만큼 용서한다는 일은 쉽지 않다고 했다. 절대자라는 존재도, 종교라는 것도 가슴의 상처와 아픔, 분노까지 말끔하게 회복할 수 있는 것은 아니었다. 종교의 힘을 빌려 스스로 치유할 수 있다고 믿었던 그녀. 인간이 죄를 짓고 용서를 하는 것은 과연 신의 영역일까?

삶의 기술

고대 메소포타미아 문명의 '이에는 이, 눈에는 눈.' 바빌론의 왕 함무라비가 제정한 '함무라비 법전'에 나오는 탈리오 법칙이다. 범죄와 형벌이 같다고 해서 동해보복同害報復, 또는 동형동태同形同態라고도 한다. 법을 공부할 때 좋아했던 법조항이었다. 서울 가정법원 소년법정. 판사가 오토바이를 훔친 열여섯 살 소녀를 법대法臺 앞으로 불러냈다. 망설이는 소녀에게 판사가 말했다. "이 아이의 잘못이 있다면 자존감을 잃은 것입니다. 그러니 자존감을 찾게 하는 처분을 내려야지요. 자, 나를 따라 외쳐 보렴. 나는 세상에서 가장 멋지다. 나는 무엇이든 할 수 있다." 판사는 법대 위로 손을 뻗어 눈물범벅이 된 아이의 손을 잡았다. "마음 같아선 꼭 안아주고 싶은데 이 정도밖에 못 해주겠구나." 삶의 기술이 부족했던 아이에게 판사가 법조문에는 얽매이지 않고 파격적인 판결을 한 것이다.

오랫동안 소식이 끊겼던 고객과 점심을 먹는 자리였다. 일흔이 넘은 그분은 S대 음대 출신으로 교사로 재직하다 모 지역에 ㅇㅇ원장까지 한 분이다. 그간의 이야기를 하면서 사기를 당했던 일과 곤욕을 치른 일을 말했다. 사건의 발단은 종중의 대표를 맡아 묘지 옆에 있는 작은 토지를 임대하여 선산을 관리하는 경비에 보태 쓰려고 하였다가 사기꾼에게 걸려든 거다. 뭔가 일에 휘말렸다는 생각이 들어 상대방을 찾아 해결하려고 했으나 영 찾을 수가 없었다고 했다. 소송서류를 송달해도 되돌아오던 차에 법원 소환장을 받고 법정에 갔을 때 그렇게 찾던 상대방이 나와 있더란다. 그래서 '이제는 일의 실마리를 풀 수 있을 것'이라는 기대와 반가운 마음에 "야! 너 이 ○○야, 잘 만났다. 여기서 맞장 뜨자."고 했다고 하였다. 그랬더니 판사는 "왜 이러십니까? ○○원장까지 하신 알 만한 분이." 결국, '법정소란죄'까지 가중처벌을 받았다고 하였다. 어이가 없는 일이었다. 몇 년 전의 일을 이야기하면서 그는 지금도 화가 나는지 얼굴이 상기되어 있었는데, 나는 그만 웃음이 터지고 말았다. 순후한 성품과 세상물정에 익숙하지 않은 분은 낯선 피의자석에서, 정의는 자기 편인 줄 알고 호소를 하였을 게다. 약 오른 심정을 크게 토로하며 법 앞에 가면 흑백이 분명하게 가려질 줄 알았던 점잖았던 그분, 그날의 모습이 짐작 되었다.

잘못이 있든 없든 법적 대응은 사람의 마음을 메마르게 하고 바스러지게 한다. 소탐대실小貪大失, 나쁜 사람들을 만나 금전적 손해는 고사하고 그분의 자존감과 사회적 명예가 땅에 떨어지는 일이 무엇보다 억울하였으리라. 지나간 일이었지만 혹독한 대가를 치르고 난 후에도 정의가 밝혀지지 않은 것에 대하여 분노하고 있었다.

신축된 청사 건물, 외양만 보아도 위압감이 느껴지는 법원 건물. '법정'에는 옷차림이 깔끔한 신사 숙녀, 말끔한 모습의 사람들이 방청석을 가득 메웠다. 삶의 기술이 미숙했던 이들이 자기주장을 하고, 목소리를 높여 항변을 하는 곳이다. 복잡다단한 현대생활을 하다 보면 때로 피할 수 없는 곳이기도 하다. 하지만 그곳에 가기가 머뭇거려지고 기분이 좋지 않은 것은 사실이다. 어쩌다 우편함에 법원에서 온 편지라도 있으면 '철렁' 가슴부터 내려앉는다. 수년 전에 형편이 어려운 가족을 세입자로 들였다가 나도 법정까지 간 일이 있다. 어린나이에 부모의 이혼과 가출로 어린 고모와 사는 아이에게 '잘못을 인정하고 사과할 줄 아는 것이 옳다'는 생각으로 부모가 채워주지 못한 부분을 알려 주려다가 도리어 나는 법정에 섰다. 많은 물질적 손해를 보았을뿐더러 삶의 기술이 부족했었다는 자책에 빠져 한동안 마음이 상해 있었다. 억울하고 화가 났다.

철학자 피타고라스는 '어떻게 살아가야 되는가를 올바르게 가르쳐 주는 일이 가장 중요하다'고 하였다. 삶의 기술, 앞서거니 뒤서거니 같이 가며 볼 것을 보고 조화를 이루어 가는 것이라고 했다.

오이지

사십여 년 전, 남편이 면 소재지 학교에 근무할 때이다. 남편 봉급날이면 별식을 하자며 찾아가는 음식점이 있었다. 그 시절에는 외식이라고 하면 유일한 장소가 중국집이었다. 흙탕물이 튀어 켜켜이 쌓인 유리문에는 '우동 · 짜장면'이라고 쓰여 있었고, 희미한 간판은 곧 떨어질 것만 같았는데도 손님이 많았다. 그곳에서 학교 선생님들은 큰 고객이었다. 장날이면 인근에서 오는 촌로들과 장을 본 손님들이 보퉁이를 깔고 앉아서 기다렸다. 왁자지껄한 소리만큼이나 짜장 볶는 냄새가 진동을 하였다. 중국집의 남편은 주방장이고 부인은 종업원 역할에다 가까운 곳에는 배달까지 하였다. 덜퍽진 인상과 어글어글한 성격의 안주인을 보고 오는 손님이 더 많았다.

그날 출입문을 밀고 들어갔을 때, 나는 그녀의 크게 벌린 입과 젖혀진 고개를 옆으로 하여 바라보던 눈빛과 딱 마주쳤다. 손에 든 숟가락에는 오이지 한 조각이 담겨 있었다. 둥근 밥상에는 방금 내온 듯 저녁을 먹으려고 아이 셋이 둘러앉아 있었고 그녀는 시원한 오이지를 한술 떠서 입에 넣으려는 순간이었다. 작은 홀에 붙어 있는 단칸방에는 문을 열어 놓아 방 안의 세간이 줄멍줄멍 들여다보였다. 서랍장 위로 개어 놓은 이불, 나무궤짝 위에는 낡은 TV, 창 밑에 걸려 있는 옷가지며, 그리고 돗자리 위에는 아이들이 숙제를 하다 밀쳐놓은 책과 가방이 널브러져 있었다.

그 후 그날 저녁의 일이 뚜렷하게 기억나는 것은, 이튿날 들은 이야기 때문이다. 그날 밤 그녀가 자살을 하였다는 소문을 듣고서였다. 부부싸움을 하였다고도 하고, 남편이 바람을 피워서 무척 속을 태웠다고도 하였다. 어쩌면 우리가 그녀의 마지막 손님일 수 있었다. 아무튼 나는 여름이 오면 오이지를 먹고, 오이지를 먹으려면 그 때의 일들이 생생하게 떠오른다.

중개업 초보 시절에 남자 직원으로 이장님 출신 한 분이 있었다. 어느 날 내게 도움을 많이 주신, 공무원을 퇴직하신 어른의 집에 초대가 있어서 같이 갔을 때였다. 여러 가지 맛있는 음식과 함께 화채 그릇에 담겨 나온 오이지를 직원은 그릇째 덥석 들더니 후루룩, 후루룩 두터운 손등이 다 보이도록 들고 마시는 것이었다. 그 이후 나는 맛도 못 본 오이지의 맛을 잃어버렸다.

반찬 솜씨가 손방인 나는 오이지를 좋아한다. 이유는, 간단하게 양념에 무쳐 먹거나 숭숭 썰어 냉수에 담아 내기만 하면 먹을 수 있기 때문이다. 얼음 띄운 냉국에서 건져 먹는 오이지 한쪽의 아삭하게 씹히는 맛은 소리 나는 만큼이나 맛이 있다. 국물은 시원하고 알맞게 간이 배어 있어서 더위에 잃은 입맛을 찾게도 해준다. 올 여름에는 잊고 있었던 오이지를 담가 보아야겠다. 그러면 그녀의 푸근했던 얼굴과 맛있게 먹던 오이지가 떠오르겠지. 오랜 시간이 지났건만 아직도 궁금증은 여전하다. 우리는 누구나 두 번 다시 같은 강물에 손을 담글 수 없는 인생인데, 그날 저녁 그녀가 목숨을 버릴 만큼 고뇌했던 일은 무엇이었으며, 잠시 후 일어날 일을 예감이나 했을까….

떠난 사람

죽竹 향의 냄새가 잔뜩 가라앉아 있는 목련공원 화장장 주변, 아침부터 잠포록하던 날씨가 기어이 추적추적 비를 내리고 있었다. 그녀는 잦아드는 울음소리를 하며 떠나고 없는 자의 뒷정리를 하는 중이었다. 떠난 사람, 장구하고 원대했던 그의 꿈도 가느다랗게 사그라져 가는 향불과 함께 꺼져가고 있었다. 그동안 동료나 집안 어른들의 부음을 접하기도 하고 많은 장례식에 참석을 해보았지만, 이렇게 죽음의 그림자를 아주 가깝게 보게 되니 가슴이 더 먹먹하여 왔다. 멀게만 느껴졌던 이승과 저승의 간격이 현현하게 보이는 것 같기도 하고.

그와는 젊은 날 못다 이룬 향학의 꿈을 좇아 앞서거니 뒤서거니 한 공간 안에서 많은 시간 애를 끓였었다. 그는 자그마한 체구에 비대하지도 않아 오래 살 것 같았다. 암 선고를 받고도 몇 년을 치료 중이라고 하면서 근래에는 모임에도 나오고 해서 완쾌된 줄로만 알았다. 그런데 지난달 이곳 대학병원으로 내려왔다는 이야기를 듣고 문병을 갔을 때는 병세가 아주 안 좋았다. 며칠 후에 다시 갔더니 많이 나아져서 집으로 간다고 하였다. 그런 그가 오늘 비안개처럼 뿌연 연기를 피우며 한 줌의 재로 변하였다.

그가 이곳 병원으로 내려오지만 않았어도 나머지 일행은 올여름 또 한 번 전국을 돌아다닐 계획이었다. 몇 년째 계속되어 오고 있는 가족동반 여행 모임에 경찰공무원이 그를 포함하여 두 명이 있는 관계로 휴가 때면 풍광 좋은 곳곳의 공무원 연수원 순례를 하곤 하였다. 계절마다 아내와 함께 여행을 하던 사람. 이른 아침, 잠이 덜 깬 바닷가를 걷는 상쾌함으로 남해안 갯바위에서는 끝없이 펼쳐진 수평선에 환호를 하였다. 설흘산 자락 가파른 비탈길을 오를 때에는 갑자기 차의 엔진 쪽에서 연기가 풀풀 나서 간담을 쓸어내리기도 했다. 오색 단풍이 골골이 무르익은 강원도 정선의 민둥산 정상에 커다란 구름덩이처럼 피어 있던 억새의 흔들림은 절정이었다.

일행 중에서 농사를 짓는 이는 쌀과 부식을 조달하였고, 사냥을 하는 이는 꿩 고기를 가져와서 담백한 탕으로 몸보신을 시켜 주었다. 대천 해수욕장 길가에서 신문지를 깔고 앉아 먹던 밥맛은 맛 중의 최고였고, 추운 겨울 땅끝마을을 여행할 때는 수확이 끝난 밭에서 배추를 뽑아다 된장국을 끓여 먹기도 하였다. 동행한 부인 중에 요리를 잘하는 이는 한껏 솜씨를 발휘하여 얼큰하고 시원한 찌개를 맛있게 끓여 내었다. 온갖 야채를 넣어 만든 고소한 부침개는 먹는 행복감을 알게 해 주었고, 남은 밥으로는 누룽지를 만들어 차 안에서 간식으로 대신하였다. 가이드를 자처하는 이는 Y담으로 배꼽을 쥐게도 하고, 시골길이나 고속도로 위를 달리면서 먹고 수다 떠는 오롯한 즐거움으로 시간 가는 줄 몰랐고, 이슥한 저녁에는 바닷가에서 횟감을 떠와 만찬을 즐기기도 하였다. 아무런 재주가 없는 나는 그저 사진기 셔터를 누르며 추억을 한 장의 필름에 담기에 여념이 없었다. 그런 중에도 그들 내외는 주위 사람 의식 않고 맛있는 음식을 먹으며, 권하면서 서로를 위해 주었다.

남은 자들의 가슴 에어 오는 슬픔과 애통함에도 그는, 이제 한 뼘 정도의 분합에 담겨져 영면의 길에 들었다. 죽음 앞에서 조금만 더 살고 싶다고 간절하게 말하던 사람. 그는 지금쯤 떨어지지 않는 발걸음을 옮기며 이렇게 되뇔 지도 모른다. '이럴 줄 알았으면 그렇게 휘달려오지 않았을 것'이라고. 자기 삶에 혼신의 힘을 쏟았던 그가 누구도 피할 수 없는 길을 떠난 것이다. 아직 나누어 주지 않은 지난번 여행 때 찍은 사진 속 그는 웃고 있는데… .

노인老人

세상과 헤어지기 싫어 해가 노을을 남긴다는 저녁, 노인의 댁으로 안부전화를 드렸다. 늦은 시간이 아닌데 반기는 음성 속에 무거움이 담겨 있었다. "어디 편찮으세요?" 하고 물었더니 내일 병원에 간다는 말씀을 듣고 전화를 끊었는데 퍼뜩 불안한 생각이 들었다. 올해 일흔아홉이 되신 그분은 남편의 대학교 선배이시다. 대통령을 배출한 사학의 명문 출신. 시골 좋은 집안에서 태어나 고등학교 대학교를 큰 도시에서 유학한 남편과는 닮은 점이 많은 어른이시다. 성장환경이 좋았던 그분의 성품은 맺힘이 없고 세파에 물들지 않은 순수함이 한올지게 느껴진다.

신혼 초 남편의 근무지 학교 앞에서 사는 우리에게 출근하면서 오토바이에 토종닭을 싣고 와 길러 보라며 정을 주곤 하셨다. 지금은 오래 전에 퇴직을 하시고 두 내외분이 단출하게 살고 계신데 가까운 곳에 살면서도 자주 연락을 못해온 터였다.

까마득한 기억 속의 그날, 두 동창분은 퇴근 후 어디서 전작이 있었던 듯 어둑할 때 얼근한 모습으로 우리 집 좁은 방에 들이닥쳤다.

어깨동무를 하고 온 그들은 딱 한 잔만 더 하자더니 한 병 두 병 주문이 늘어 갔다. 새댁인 나는 말 한마디 못하고 시중을 들었다. 얼마나 시간이 흘렀을까, 어느 사이에 널브러져 있는 술병과 함께 두 사람은가로 세로 큰대자로 누워 코를 골고 있었다. 단칸방이어서 편히 앉을 자리도 없던 차 이제는 잠 잘 곳이 문제였다. 한참을 생각 끝에 부엌 위에 달려 있는 다락으로 올라갔다. 잡동사니 물건을 밀어 놓고 자리를 깔고 누웠다.

간신히 누운 눈앞에 슬레이트 지붕을 잇댄 서까래에서는 송진 냄새가 나고 늦가을 저녁이라고는 하지만 한낮 달구어진 지붕에서는 후끈한 열기가 가득했다. 뒤척이며 잠을 못 이루고 있을 때 손바닥만 한 창으로 보이는 달빛은 유난히도 밝았다. 아무튼 나는 밤이 길다는 것을 그때 처음 알았다. 방학이 되어 시댁에 가서 어머님께 그 이야기를 했더니 어머님은 나만 꾸중을 하시었다.

그간 세월이 많이 흘러갔음에도 소년처럼 해맑은 웃음은 변함이 없건만 성성한 백발은 하얀 모자를 쓴 동안童顔의 아이와 같으셨다. 이튿날, 그분을 모시고 진료시간에 맞춰 병원을 찾아갔다. 노인에게 친절하다는 병원은 소문과 같이 연세 많으신 분들로 대기실은 만원을 이루고 있었다. 접수한 지 서너 시간이 지나서야 호명이 되어 진찰을 받는데 옷가지를 받아 주고, 의사의 문진에 대신 대답도 해 주며 못 알아들으시는 부분은 메모를 하여 드렸다.

호칭은 선생님이라고 하면서 손을 잡아 안내를 하고 스스럼없이 하는 '그분과 나' 두 사람의 관계를 알 수 없다는 듯이 앞서 있던 늙수그레한 남자가 "어떤 사이예요?"라고 물어 왔다.

순간 그의 묻는 의도에 장난을 하고 싶었고 뭐라고 장황하게 설명할 수도 없어서 그냥 "묘한 관계"라고 했다. 그랬더니 그 사람은 능히 알아듣겠다는 표정으로 자기 경험을 늘어놓았다. 세 살 어린 여자와 사귀었는데 손위 누이처럼 잘해 주더라는 너스레였다. 그런데도 주변의 몇 사람은 궁금증이 다 안 풀린 듯한 표정이었다. 돌연 그분과 나는 야릇한 세태의 관계가 되어 버려 마주보고 웃었다. 병원을 나와 간단한 점심식사를 하고 집에까지 모셔다 드렸다. "고맙다."고 하며 뒤돌아서 가는 모습에서 노인 특유의 고독함과 쓸쓸함이 보여 가슴이 아려왔다.

명함

후두두 창밖으로 세찬 바람에 빗줄기가 다투어서 흩어져 떨어지고 있다. 후텁지근한 기온과 장마가 이어진다는 기상 예보가 있는 요즈음, 방문객도 부쩍 줄어 며칠 전부터 미루어오던 책상을 정리하기로 하였다. 우선 책꽂이부터 꽤나 두툼한 명함꽂이를 뒤적이며 오래된 것부터 정돈을 시작하였다. 서랍 속의 많은 명함들이 자기의 존재감을 알리기 위하여 아우성을 치고 있는 것만 같다.

대개 손바닥의 반만 한 크기이지만 글자의 수나 글씨체가 모두 다르다. 한 장, 한 장 이름과 주소를 보면서 그동안 스치고 지나간 많은 사람들의 얼굴 모습을 떠올려 본다. 흑백의 간단명료한 색상으로 꾸며진 것, 총천연색의 무지개 빛깔도 있다. 검은 바탕에 황금색의 붉은 태양이 떠오르는 광경을 밑바탕에 넣은 것은 무엇인가 모를 힘이 불끈 솟아 나오는 것 같기도 하다. 연한 녹색 밑그림에 검정색으로 새겨진 이름은 그녀의 차분한 모습과도 비슷하고, 지금 바로 옆에 있는 것처럼 살갑던 정이 생각난다. 푸른 초원 위에 전원주택이 배경으로 된 명함은, 한가로운 평원의 바람이 불어 오는 듯한 착각을 주는가 하면 금색 테두리에 L자의 마크를 넣고, 다시 영문자로 인쇄를 한 것은 어깨에 힘을 주고 권위를 뽐내고 싶어 하던 그 사람을 연상하게 한다.

아랫부분은 빨강색으로 선을 그어 이름과 전화번호를 넣은 것에서는 자기를 강조하고 싶다는 강렬한 표현 같고, 윗부분에 분홍색의 줄무늬를 넣은 명함은 평소에 새침데기, 사회 초년병이었던 그의 얼굴을 닮은 것도 같다.

짙은 감청색의 바탕 위에 은빛 고딕체의 글씨는 묵직한 저력으로 아무런 연고가 없는 타향에서도 수완을 발휘하던 그 사람의 모습을 생각나게 한다. 어떤 이는 작은 사진을 넣기도 하고, 멋들어지게 굵은 흘림체 한문으로 인쇄한 것은 지식이 범상치 않다는 것을 알리고 싶다는 마음이 보인다.

어떤 이는 초등학교 동창회장으로 시작하여 동네 주민자치위원, 노인회 회장까지 뒷면에도 가득 나열해 놓았다.

한때 비 온 뒤의 죽순처럼 잘 나가던 예쁜 명함의 주인공은 사업부진으로 지금은 소식조차 없다. 삼십 대 후반의 젊은 여성은 어느 날 혜성처럼 등장해서 연일 매스컴 광고를 요란하게 했다. 그러다 나중에는 나에게 돈을 빌려 달라고 하더니만 지금은 간곳을 모른다. 오랫동안 잊고 지냈던 많은 얼굴, 그리고 보고 싶은 얼굴들도 있다. 그들은 지금 어디서 무엇을 하는지… .

어느 은퇴한 중년남성은 번듯하게 내밀 명함이 없을 때 심각한 정체성의 혼란을 느꼈다고 한다. 누가 나의 실존을 인정한다는 것은 기분 좋은 일이기는 하다. 얼마 전 내가 살고 있는 주택가 시장에서 노점상을 하던 아주머니를 다른 곳에서 만났다. 눈인사를 하고 그동안의 안부를 물었더니 반색을 하며 알아보는 것에 대하여 고마워했다. 어쩌면 사람은 평생을 상대방이 자기를 알아주고 향상된 모습으로 기억해 주기를 바라면서 살아가는 건지도 모르겠다.

그동안 나도 무수한 명함을 건네주었다. 매번 다른 모양으로 보였을 나의 모습, 그들의 기억 속에 나는 과연 어떤 모습으로 담겨 있을까?

익은 맛

엷게 낀 아침 안개 위로 햇살이 쏟아지기 시작한다. 오늘은 이른 봄에 담갔던 장을 뜨기로 했다. 항아리 뚜껑을 열어 보니 두어 달 전에는 소금물이었던 것이 검은 갈색으로 우러나 있다. 손가락으로 찍어 맛을 보니 짭조름한 맛이 난다. 맛이란 식성에 따른 맛이 있고 또 진정한 맛과는 다른, 자기만이 알 수 있는 잊지 못할 추억속의 맛이 있는 것 같다. 지금이나 예전에나 음식 솜씨가 변변치 않은 나는, 결혼하고 처음으로 내가 담근 김장김치의 맛을 잊을 수 없다. 땅에 묻지 않고 부엌 앞에 둔 독에서 꺼낼 때면 꽉 얼어붙어 동태처럼 뻣뻣했다. '뚜 둑' 뜯어내어 스텐 냄비에 담아 부뚜막에 놓았다가 조금 녹았을 때 쭉 찢어 먹었던 그 맛.

어렸을 적에는 풋과일을 잘 먹었다. 한입 베어 물면 온몸에 소름이 돋을 정도로 신맛의 사과, 익은 쪽만 물었는데도 잇속과 입 안 가득 고여 오던 떫은맛의 감. 올해는 음력으로 이른 추석이라고 제사상에도 익지 않은 과일들이 많이 올려졌다. 가까운 곳에 산행을 하며 주머니에 넣어온 덜 익은 대추를 입에 넣어 보았다. 씹히는 맛이

미끈하고 아무 맛도 없는 것이 차라리 안 먹으니만 못하다. 몇 개를 먹었는데도 간단히 먹고 나온 아침 때문인지 시장기가 느껴 와서 주위를 둘러보았다. 휴일 아침이라 점심을 하기는 조금 이른 시간이었지만 가까이 있는 식당으로 성큼 들어갔다.

떠들썩한 분위기가 등산객들의 모임이 있나 했는데 귀에 익은 우렁찬 목소리가 들려왔다. 왁자지껄한 소음 속에서도 그녀의 음성은 독특했다. 어디서나 활기차고 앞장서는 모습은 보기 좋았으나 때로는 지나치다 싶을 정도로 자기의 이야기를 많이 하는 게 흠이라면 흠이었다. 사람의 대화에도 익은 맛과 덜 익은 맛이 있다면 무리일까. 그녀는 늦은 나이에 만학의 꿈을 이룬 맹렬 여성이다.

아이를 키우며 집안일만 하던 전업 주부에서 힘들고 어렵게 직업을 가진 여성으로 전향한 지금, 자기 모습을 전사의 무용담처럼 즐겨 하곤 하였다. 각기 다른 장소에서 여러 번 같은 얘기를 들은 나는 그녀가 하는 이야기의 순서를 이미 알고 있었다. 그날도 유의하여 듣고 있던 이들은 그녀에게 경의에 찬 인사의 말들을 건네고 있었다. 북적이는 식당 한쪽에서 식사를 마친 나는 신발을 신으면서 그녀의 등 뒤에 대고 "나 여기 있어요." 하고 작은 목소리로 알렸더니 화들짝 놀라면서 반가워하였다.

다산이 초우 스님에게 주셨다는 친필 증언첩에 있다는 주역서에 이런 글이 있다. 〈함장축언含章蓄言〉. 이 뜻은, 야무지게 오므린 꽃봉오리의 함축이 귀하고 아름답다는 내용이다. 머금고 온축하여 비밀스럽게 단단히 봉한. 옛 사람들은 말을 하고 싶어서 한 게 아니라 하지 않을 수 없어서 한 부득이不得已의 결과였다고 한다. 행여 남에게 질세라 떠드는 말은 소음일 뿐이며, 뜻도 없이 하는 말, 난무하는 빈말, 헛말을 나무라는 것으로, 말을 절제하고 아끼라는 언어의 가르침일 것이다.

음식의 조미료처럼 이제는 맛을 내어야 할 나이가 되었다. 어느 것에 넣어도 맛을 더하고, 어느 곳에 꽂아 두어도 향기가 나는 꽃으로 익은 맛을 내어야겠다. 깜깜한 밤 찬이슬을 맞고 뜨거운 태양열을 온몸으로 받아내며 익어 간 장맛. 작은 종지에 떠다 놓으니, 맑고 볼그레한 빛깔이 아이의 상기된 얼굴처럼 예쁘다. 익어서 숙성된 맛, 짭조름하면서도 웃국의 달큼한 맛은 혀끝을 자극하는 설탕에서나 물엿과는 다른, 깊은 맛을 전해 온다. 그냥 식탁 위에 있는데 손가락으로 콕 찍어 먹어 보고 싶고 무엇에든지 넣어 간을 하고 싶은 충동이 인다.

정동진 여행

여름이 시작되는 유월의 첫째 주일. 날씨도 화창하였다. 2개월 전부터 준비하고 기다려 왔던 날이다. 전체 인원 칠백여 명의 대이동, 신부님께서 성전 건축비 채무를 청산한 기념으로 모든 신자들에게 선물로 주신 정동진으로 떠나는 〈추억의 기차여행〉이었다. 출발역인 청주역, 역사驛舍 마당에는 누렇게 익어가는 보리밭이 있었고 천사의 나팔꽃은 우리들의 여행을 반겨주듯이 활짝 피어 있었다. 평소 같으면 아직 일어나지 않았을 시간이었는데도 많은 신자들이 나와 있었다. 봉사요원들의 안내로 술렁거림 속에서 줄을 서 있는데 일곱 시쯤, 역 구내로 기차가 들어왔다. 기차에 오른 뒤, 자리를 찾아 앉으며 어디론가 떠난다는 여행의 기대감으로 설렐 때 우리들을 실은 기차가 서서히 움직이기 시작하였다.

먼저 하루의 일정을 알리는 안내방송이 있은 후, 우리들은 오늘 하루 무사한 여행을 위하여 기도를 드렸다. 구역별로 나뉘어 탄 객차에서 의례적인 인사보다 진심 어린 평화의 인사를 옆자리 형제에게, 앞쪽의 자매에게 나누었고 이런 저런 이야기로 마음을 터놓았다. 차창 밖으로 보이는 논과 밭에는 푸르름이 짙어 가고 있었고, 모내기를 끝낸 어린 묘는 땅내를 맡았는지 바람에 흔들리는 모습이 무척 튼실하게 보였다. 감자꽃 핀 밭고랑에 앉아 일을 하던 아주머니가 흔들어 주는 두 손에 화답을 하면서 마치 어렸던 시절 소풍을 가는 기분이었다.

'스르륵 슥, 스르륵 슥' 레일 위를 달리는 바퀴 소리를 들으며 고추의 고장인 음성을 지날 때는 오웅진 신부님과 꽃동네 첫 삽을 뜨던 기억이 떠올랐다. 꽃동네 시조가 된 최귀동 할아버지가 우리 집에 밥을 얻으러 왔던 생각도 났다. 오 신부님! 위인과 그렇지 않은 사람은 생각부터가 달랐나 보다. 그때, 추위가 채 가시지 않은 봄날, 움막에서 자기 몸을 제대로 추스르지 못하는 거지나 장애가 심한 부랑아들에게 짝을 맺어 주시고 그 사이에서 태어나는 아기들을 축복해 주시는 신부님이 도무지 이해가 안 되었다.

그런데 오늘과 같은 위업을 세우리라고는 꿈에도 몰랐다. 쉬지 않고 달리는 열차는, 최양업 신부님의 기념성당이 있고 방주 모양을 주제로 만들어진 배론 성당이 있는 제천을 지나고 있었다. 철길 따라 늘어선 아까시나무에는 하얀 꽃이 포도송이처럼 주저리주저리 져 있었고, 평행선인 양 긴 객차는 가끔 꼬리를 보이기도 하였다. 높은 교각 위를 지나면서 본 골 깊은 산속의 계곡 깨끗한 바위, 옥색의 흐르는 물 빛깔은 참 아름다웠다.

붉은 녹물이 배어 있는 자갈돌이 보이는가 했는데, 폐광 도시 안전모를 쓴 검은 얼굴이 생각나는 탄광촌 사북이었다. 산업전사 광부들은 떠나가고 이제는 카지노로 유명한, 한탕 기회의 땅으로 변해버린 곳이다. 사용한 연탄을 쌓아올려 이웃과의 경계담으로 재활용한 것이 이색적이었다. 점차 속도가 느려지던 열차는 드디어 고대하던 종착역 정동진에 도착하였다. 역 앞에 바로 펼쳐진 바닷가. 푸르고 넓어 끝이 보이지 않는 동해바다. 바닷바람이 '확' 하고 가슴에 안겨왔다. 모래공원에서 준비해 온 점심을 먹고 해변을 걸었다. 밀려오는 파도 물결에 발이 젖을세라 뛰어 나오기도 하며 멋진 포즈로 사진을 몇 장 찍었다.

어둠이 총총히 내려앉는 시간, 밤 열한 시 삼십 분. 대이동의 막이 내리고 우리는 왕복 10여 시간의 기차 여행에서 큰 사고 없이 잘 돌아왔다. 수단의 긴 옷자락 근엄한 모습의 신부님만이 아닌, 신자들의 마음을 열고 소통하려 하시는 인자한 신부님의 배려에 깊은 감사를 드린다. 모든 신자들은 즐거운 마음으로 추억을 만들었다. 나 역시 쾌속열차처럼 앞으로만 가던 하루를 내려놓고 보낸 시간, 내가 없으면 어긋난 톱니바퀴처럼 안 될 것 같던 염려의 하루는 별일 없이 잘 돌아가고 있었다. 마음속에 있던 온갖 잡념들이 바닷바람에 쓸려간 듯이 눈에 보이는 사물의 모습이 새롭게 보인다. 무엇을 보러 가는 것이 아니라 나를 보게 된 여행이었다. 여행이란 이래서 떠나는가 보다.

5부

밥 짓는 연기가 굴뚝마다 피어오르는

집

차고 건조한 하늬바람이 불어온다. 하늘을 나는 새들도 때가 되면 집을 찾아들듯이 이맘때쯤이면 집으로 향하는 마음이 서둘러진다. '집, 생각만 해도 포근함이 느껴온다. 각자 다른 생활터전에서 물먹은 솜처럼 지친 몸으로 돌아와도 안아주고 녹여주는 곳이 집이다. 그래서 집은 어머니와 같이 고향의 대명사이기도 할 만큼 우리 삶의 시작이고 끝이었다. 태어나는 곳도 집이요, 삶을 마감하는 곳도 집이었던 때가 있었다. 고향을 떠났다가도 죽음에 임박하면 고향의 집으로 돌아오는 이가 있었으니.

옛 어른들은 대체로 선대에서 물려받은 집에서 살았다. 예전부터 내려온 집문서를 소중하게 여기며 살다가 후손에게 대를 이어 주는 일이 당연한 것으로 알았다. 집은 단순하게 생활하는 곳이 아니라 조상의 얼과 혼이 깃들어 있다고 생각하셨던 것 같다. 그렇게 하는 게 당연한 것으로 알고 평생을 살았기에 혹시 누가 집을 판다고 하면 큰일이 난 줄 알기도 했다.

그런데 언제부터인가 집을 보는 시각이 달라지기 시작하였다. '재화財貨' 또는 현금화할 수 있는 자산 가격으로 보게 되었으니 말이다. 때로는 계약서 한 장만큼 무게가 가벼워지기도 했고 금액의 많고 적음으로 쉽게 사고 팔 수 있는 물건이 되기도 한다. 한때 건축 붐을 타고 하루가 다르게 부동산의 값이 오를 때는 너도나도 "우리 집 가격이 얼마나 올랐어요?" 하고 물어오는 사람이 성시盛市를 이루었다. 일시적 기쁨이나 즐거움은 오로지 집값의 오르내림에 있는 듯하였다.

간혹 사업을 하는 이는 집을 담보하여 많은 대출을 받을 때가 있다. 그러다 잘못되면 압류되어 경매가 되고 집 밖으로 내몰리게 된다. 그러면 삶의 터전인 집이 사라져 버리고, 지구의 중력처럼 힘의 원천이었던 집이 없어지면 기운도 잃게 된다.

어릴 적 기억 속의 집은 집 자체로 좋았다. '쏴아' '쏴아' 뒷산에서 불어오던 바람에 나뭇잎 부딪는 소리가 지금도 귓전에 들리는 듯하다. 햇볕이 좋은 봄날이면 하루에도 몇 번을 닦아 윤이 나는 마루에 나와 앉아 오순도순 이야기꽃을 피웠고, 가을에는 집 뒤 울타리에 구기자 열매가 줄기마다 빨갛게 익어가던 집이었다.

요즈음은 학군이 좋은 곳에서는 어린아이들도 "너희 집이 몇 평이냐?"고 묻는다고 한다. 한 사람의 능력을, 부富와 행복의 척도를 집의 크기나 위치로 가늠하는 지금의 세태를 옛 어른들이 본다면 무어라 할까. 어떤 사람은 크고 작은 여러 채의 집을 갖고 있는가 하면 또 다른 경우는 올망졸망 딸린 식구가 여럿인데도 비좁은 남의 집 지하 셋방에서 살고 있는 이도 있다. 똑같은 종이 한 장의 집문서이지만 가치와 위력은 많이 다르다.

집의 형태를 보면 관리자인 주인의 모습도 눈에 보이는 듯하다. 작은 집이라도 요모조모 잘 가꾸어진 집을 보면 주인을 만난 적이 없는데도 정감이 간다. 자수성가自手成家했다는 이의 집을 보면 늠름한 기운이 살아 움직이는 것 같고, 간혹 오래전에 지은 고옥古屋을 보면 가풍 있는 집안의 숨결이 느껴지는 듯하다.

하루가 다르게 변해가는 세월을 거스를 수는 없다. 하지만 내가 살던 집을 팔고 나서 고향을 잃은 실향민처럼 마음이 허전하였던 적이 있다.

나의 직업상 '사고파는' 일이 잦아져야 실익이 있건만 내 마음 고향의 집은 영원히 팔리지 않았으면 하는 마음은 왜일까.

생전에 김수환 추기경께서 어느 마을을 지나다 밥 짓는 연기가 굴뚝마다 뾰얗게 피어오르는 것을 보며 말씀하셨다고 한다. "나에게도 저런 집이 있었으면…." 하는 소박하고 간절했던 집에 대한 소망이 오래도록 가슴에 남는다.

물 한 대야

며칠 전 식은 밥덩이처럼 누워 있다가 퍼뜩 본 TV 프로그램의 진행자는 '아껴 쓰는 것'에 대한 물음을 하였던 것 같다. 물음에 답을 하고 있는 출연자는 음식 솜씨뿐만 아니라 말솜씨도 맛깔나게 하는 요리 연구가의 남편이었다. '식당에 가서 깨끗이 쓴 종이 휴지는 주머니에 넣고 집에 와서 화장실에서 다시 한번 쓴다'고, 하였다. 앞, 뒤 말은 듣지 못했지만 순간의 말 한마디로 그것은 나와 같은 생활 습관을 가진 사람이라는 생각이 들었다.

"왜? 사용한 물을 대야에 담아 놓느냐." 아침 세면을 하고 나오던 남편이 또 한마디를 한다. 조금 전에 세수를 하고 얼굴을 헹군 물인데 버리자니 아까워서 걸레를 한 번 더 빨아 쓰려고 두었던 것이다. 이제는 서로에게 익숙할 때도 되었건만 오늘도 나는 수십 년째 반복하는 말을 다시 주고받는다. 남편의 주장은 깨끗하지 않은 물을 담아 놓으면 세숫대야 가장자리에 물때가 낀다는 말이다. 그 말이 맞기는 한데 나는 오랜 습관을 버리지 못하고 있다.

어린 시절 어려움 없이 자라 그런지 남편은 경제적인 면에서 특히 무엇을 아낀다거나 절약의 의미를 모르는 것만 같다. 한의사이셨던 아버님은 동네 인근 논밭을 많이도 갖고 계셨다고 한다. 남편과 장조카는 쌍둥이처럼 학교를 같이 다녔는데 서울 유학시절에는 두 사람의 등록금으로 쌀 여든 가마를 올려 보내셨다고 하셨다. 하숙비와 용돈이 올라온 날은 그간 보아둔 멋쟁이 구두를 사고 영화관으로 술집으로 순례를 하느라고 무척이나 바빴다고 하였다. 지금은 가세가 많이 기울었는데도 고향 생각을 하면 풍족했던 어린 시절이 떠오른다고 했다. 선견지명先見之明이 있었던 걸까. '현재 삶을 즐기자'는 요즘 시대의 생각을 미리 하고 있었으니, 길고 먼 미래를 계획하고 절약하자는 나의 이야기는 언제나 공염불일 수밖에 없었다. '물 한 대야'의 습관이 안 고쳐지는 것처럼 남편의 관념 또한 어린 시절의 생활습관이다.

어렸을 적에 나는 어머니의 근검절약하는 모습을 보며 자라왔다. 지금까지 물 한 대야를 쉽게 버리지 못하는 것도, 마주앉아 학습을 하지는 않았지만 어머니가 하시던 모습을 보고 자라 와서 나도 모르게 답습하고 있는 것 같다. 오래전 오라버님 댁에 갔을 때에도 오라버님이 발을 씻으신 헹굼 물을 그대로 대야에 담아 놓은 것을 보았다. 누가 시킨 것도 아닌데 나와 같은 행동을 하시는 걸 보며 유년시절에 보고 익힌 습관은 뇌리에 깊이 새겨져 있다는 것에 놀라기도 하였다. 혈육과 살아온 날보다 더 오래 부딪히며 긴 세월을 남편과 살아왔지만 남편의 거듭되는 말에도 나의 어릴 적 몸에 밴 '물 한 대야'의 습관은 고쳐지지를 않는다.

중국 도교의 시조 노자는 '물같이 살아야 한다.'고 설파說破했다. 그러나 아둔한 인간은 아껴 쓴다는 생각으로 '걸레 한 번 더 빨려고 그랬다'고 수십 년을 반복된 습관인 '물 한 대야'의 한계를 오늘도 넘지 못하고 있다.

이상과 현실

까치밥으로 남겨둔 빨간 홍시가 감나무 꼭대기에 매달려 있다. 건물 앞쪽에는 수령이 꽤 있어 보이는 큰 소나무 한 그루가 수문장처럼 딱 버티고 서 있고, 문 양옆으로 희고 노란 국화가 사열하듯이 놓여 있는 고졸古拙한 멋을 자아내는 분위기의 펜션. 야트막한 산등성이에는 낙엽이 뒹구는데 햇볕 바른 양지에는 아직 겨울 채비를 못한 파란 풀들이 해바라기를 하고 있는 중이었다. 자연적으로 이루어진 작은 동산 아래 호숫가에는 선착장이 꾸며져 있고, 그 위에 탁자 두 개가 나란히 놓여 있다. 꿈꾸어 오던 이상을 실현한 은퇴한 노老교수 부부는 여름날 이곳에서 차를 마시며 정담을 나누었을 것이다. 돌 틈 하나하나에도 주인의 세심한 손길과 정성이 진하게 느껴진다.

십여 년 전, 노후 설계를 하고 찾아온 시골 마을. 오백여 평의 터를 장만하여 둥지를 틀고, 그 옆에 있는 국유지에, 계절 따라 열리는 과일과 꽃, 돌과 정원수를 옮겨 심으면서 부부는 이상을 현실로 이루어 가는 기쁨에 고단한 줄도 몰랐다고 한다. 외국의 농촌 풍경을 닮은 건물 외관과 주변 환경이 좋아 기업이나 학생들의 수련원으로 이용되기도 한단다. 실내에는 국내외의 유명한 화백들의 그림이 전시되어 있고, 휴가철에 찾아오는 이방인을 만나는 즐거움과 얼마간의 수입은 또 다른 짭짤한 맛이 있었다고 하였다.

그동안 많은 지인을 불러들여 자신의 노고와 치적治績을 보아 주기를 바라면서, 노 교수는 황혼의 인생을 흠씬 즐기었을 것 같다. 그런데 점차 기력이 떨어지고 급히 병이라도 날 때는 교통의 불편함과, 적절한 시기에 맞추어 과목에 따라 다른 해충방제 약을 살포하는 일이 몹시 힘이 든다고 하였다. 차츰 노력에 비하여 실익도 없음을 알게 되었다고 하며, 매도賣渡하자는 결론에 이르렀다고 한다. 요즘 부쩍 전화가 자주 오고 있다. 애타는 심정이야 충분히 이해는 가지만 나 역시 어찌해 볼 수 없음에 마음이 편치 않다.

오늘도 체험 온 이들에게 자세한 설명을 하고, 매수인을 찾고 있다는 말까지 하였단다. 누구나 아름다운 경관과 그 수고를 알아듣는 것 같았으나 진정 듣고 싶은 말은 없었다고 했다. 바로 얼마 전에 대기업의 임원들이 다녀간 뒤, 기업의 대표에게 장문의 편지를 썼다고 하며 보여 주었다. "존경하는 회장님"으로 시작되는 글은, 이 나라와 국민을 살리는 것은 정치가도 아니고, 행정가도 아닌 바로 기업을 하시는 분들이라고 추임새를 넣었다고 하며 조급해했다.

인생길에서 '이상과 현실'의 괴리를 느껴본 이가 어디 한둘일까마는 노 교수 부부도 이상이 현실 앞에 걸림돌이 되고 말았다. 젊은이들이 귀농의 꿈을 안고 왔다가 결국 땅에 뿌리내리지 못하고 떠난 그곳에서, 노 교수는 오랜 세월 꿈꾸어 왔던 이상을 현실에 옮겨 놓았으나 이제는 그 이상理想을 스스로 내려놓으려고 서두른다. 평생을 탁류에 휩쓸리지 않고 꼿꼿하게 학문에 전념하였을 학자의 모습과는 많이 달라 보인다. 일생을 고요한 바다와 같이 도도하게 살아왔을 노 교수가 늘그막에 어긋난 새로운 경험을 하고 있다. 노 교수는 인생의 이모작 단계에서 수학적으로, 논리적으로도 풀리지 않는 이상과 현실을 언제쯤 홀가분하게 털고 나올 수 있으려는지… .

꿈夢

아침에 눈을 뜨고 뒤척이다 창문을 열었더니 창가에 기다리고 있던 햇살이 사뿐하게 들어왔다. 하늘을 보며 오늘의 할 일을 생각하고 어제의 일도 되짚어 본다. 가끔은 간밤에 꾼 꿈을 나름대로 해석해 보며 하루를 시작하기도 한다. 나는 부동산 중개업을 시작한 뒤 언제인가부터 꿈에서조차 현장 활동을 바쁘게 하고 다닌다. 토지를 보러 가기도 하며 매도 의뢰된 건축물을 보기도 한다. 특히 주택을 보러 갔을 때는 주변 상황은 물론 내부 곳곳을 찬찬하게 살핀다.

그날 아침 '드르륵 쿵 드르륵 쿵쿵' 가까운 곳에서 들려오는 굴착기 소리에 잠이 깼다. 잠시 무슨 소리인가 하고 주위를 살피던 나는 순간 '아!' 소리가 나왔다. 그리고 어질병을 앓는 것처럼 뒷머리가 하얗게 비어 오는 듯한 충격에 다리에 힘이 쫙 풀려 버렸다. 지난 일 년여를 끌어 오던 궁금증과 내 노력의 부족함이 함께 그곳에서 나에게 웃음을 날리고 있었다.

그! 큰 꿈.

시골집 뒷간에 있는 푸세식 분뇨통에 빠졌다가 간신히 기어 나왔다. 꿈에서 깬 나는 환호를 하고 싶을 정도의 기쁨으로 충만되었다. ‘대박 꿈’ 그것은 횡재의 꿈이었다. 그때쯤 두 고객이 각기 다른 목적으로 매수 의뢰를 해왔는데, 마침 매도 의뢰된 물건이 대로변에 있는 집합 건물로 적정가액보다 낮게 나와서 중개는 수월하게 이루어질 것으로 예감되었던 터다. 우선 매수 의뢰를 해온 의사부인에게 간략한 설명을 하고 세부자료를 분석해 보니 소유자가 네 명으로 되어 있었는데 아마도 남매지간인 것 같았다. 이웃한 동료에게 자문을 구했더니 “그거, 전에 다른 중개사가 하다 못한 것이라며 매우 힘든 것이니 추진하지 말라.”며 만류하였다.

등기부 등본에 있는 공유자의 주소지는 수도권과 경기도에 두 사람이 있고 인근에 나머지 두 사람이 있었다. 연장자 순으로 가까운 곳에서부터 탐색探索하기로 했다.

늦가을 더위가 기승을 부릴 때 산등성이에 있는 아파트는 엘리베이터도 없었다. 땀을 흘리며 숨을 몰아쉬고 올라간 집에는 언제나 문이 잠겨 있었다. 전화를 해도 안 받고 이웃 사람에게 명함을 주며 연락을 전해 달라고 부탁하고 왔음에도 감감무소식이었다. 다른 한 사람은 주소 불명으로 파악이 되지를 않아 몇 번을 반복하다 차츰 지쳐갔다. 그렇게 하루 이틀, 한 달 두 달 시간은 흘러갔다. 꿈은 이게 아니었는데 하는 여운을 남기고… .

그러다 손을 놓아버린 것이었는데 오늘 이런 일이 생긴 거다. 그것은 꼭 내 몫이었다. '내가 할 수 있는 것'이었는데 하는 후회가 차올랐다. 이제껏 내 꿈의 선몽先夢은 적중률이 높았기 때문이다. 우리 집을 살 때도 그랬고, 중개 과정에서 확신이 서지 않아 며칠을 고심하던 날 밤 꿈을 믿고, 밀어붙인 일이 모두 잘되었다. 한번은 여러 동료가 합작으로 빈틈없이 만들어 놓은 것으로 내일 아침 매도인 매수인이 도장만 찍으면 되는데 옷의 솔기가 풀어지는 꿈을 꾸었다. 불길한 기분이 들었으나 워낙 부분적으로 확실하게 협력을 해 놓았던지라 안심했었는데 결국 실패로 끝나 버렸다.

이렇듯 나는 나의 일을 함에 있어서만은 나만의 느낌이 있었다. 꿈을 꿈에도 결론적이 있는가 하면 경고 신호처럼 갑작스러운 것이 있다. 어떤 일이 진행 중일 때는 꼭짓점으로 성패를 찍어 주는 꿈이 있고, 계획도 없었는데 느닷없이 '조카의 팔에서 피가 난다' 든지 '화장실에 변이 있는 것을 본다'든가 '불이 나는 것'을 꾸게 되면 작은 계약이라도 이루어져 왔다.

그랬기 때문에 그날도 꿈을 믿고 노력을 덜한 결과가 현실로 나타난 것이다. 꿈의 실현으로 한 가지 일을 마무리했을 때의 성취감은 매우 크다. 그리고 그것이 스펙처럼 쌓여 다른 일을 할 때도 자신감이 붙는다. 꿈의 예지가 너무 좋아 게으름을 피운 것이 못내 지금도 아쉬움으로 남는 일이었다.

돌다리도 두드리고

느지막하게 하루를 시작하려던 일요일 아침나절. ♬ ♫ 핸드폰 음악소리가 울렸다. 누구일까 하면서 열어 보니 평소 아는 분의 전화번호임을 확인하고 "여보세요?" 했더니 열한 시쯤 "집으로 와서 계약서를 써 달라."는 것이었다. 자질구레한 집안일을 대강 정리하고 그 댁을 방문하기로 하였다.

공직을 퇴직하신 연세가 있으신 남자분, 그분은 지난 가을에 집을 팔아 달라고 몇 번 나에게 자문을 구하기도 하고 부탁을 해오던 중이었다. 외양의 깔끔한 모습처럼 주택을 둘러보니 앞 · 뒤 마당에 화초를 잘 가꾸어 놓았고, 집의 내 · 외부도 주인의 손길이 묻어 반질반질 윤기가 돌았다. 집을 지은 지 꽤 오래되었는데도 훼손된 곳이 없어서 매수인에게 호감을 줄 것이라고 짐작은 하였다. 단, 그분의 매도 가액이 내가 대략 감정하는 것과 차이가 많이 나서, 그 이유를 설명하고 중요한 것은 토지의 위치와 건물의 건축년도를 감안하여야 한다고 말씀드렸다. 그리고 결정적인 단계에서 설혹 본인의 마음에 흡족하지 않는 경우라도 진행을 하셔야 된다고 하였다. 혹시 다른 공인중개사와 매매계약을 하더라도 "의견이 필요하시면 언제든지 조언을 해 드리겠다."고 하고 돌아온 지가 얼마 안 되었던 터이다.

계약서 일체가 들어 있는 가방을 들고 그분의 집을 찾았을 때는 양쪽 당사자가 모두 와 있었고 중요한 이야기도 이미 협의가 되어 있어서 나는 머뭇거리지 않고 계약서를 작성하기 시작하였다. 그런데 부동산의 소재지와 넓이를 기재하다가 매매 금액에서 흠칫 속으로 놀라고 말았다. 그 금액은 내가 참고로 이야기하였던 가액을 훨씬 넘고 있었다. 계약금과 중도금 날짜를 적어 넣고 잔금일도 상의하여 순조롭게 약정하고 한 장의 계약서가 완성되었다. 매수인이 고맙다는 인사를 하고 돌아가고 차 한 잔을 마시면서 매도인에게 "꿩 잡는 게 매 이십니다." 하고 한 말씀을 드렸다. 내가 중개업을 시작한 지 삼십여 년 동안 여러 경험을 하여 왔지만 오늘 같은 경우에는 나도 놀랄 수밖에 없었다.

특별한 상황이 아니면 사람이 부동산을 팔고 사는 것은 일생에 여러 번 있는 일이 아니다. 그런 만큼 신중하게 해야 하고 팔거나 살 때 발품을 팔아야 하고 공인중개사의 의견을 들어야 한다. 그런데 가끔 중개업자에게 지불하는 수수료를 아낀다는 생각으로 당사자끼리 두루뭉술하게 일을 매듭지어 오는 일이 있다. 간혹 우리가 생각한 것과 비슷한 조건으로 맞춰 오는 때도 있지만 대다수는 오늘과 같이 큰 아쉬움을 남길 때가 있다.

그날 집을 산 아주머니는 어린 손자를 키워주고 있었는데 아이가 잠을 잘 때면 차량으로 이동하는 상인의 확성기를 통해 나오는 소리가 싫어서 조용한 곳을 찾았다고 하였다. 문제는 그것이었다. 그 아주머니의 매도한 기존 집은 주거지역이었지만 사거리 코너에 있는 위치였고, 매입한 집은 완전한 주택가였다. 한 가지에만 집중한 생각으로 결정한 재산권의 가격이 판 것도 산 것도 둘 다 실패작이었다. 나중에 그것을 알고 나에게 "우리 집 무척 비싸게 산 것이지요?" 하고 물어 왔지만 나는 뭐라고 답변할 수가 없어서 "내 집이 되려면 비싸야 되고, 판 집은 언제나 서운한 거예요." 하고 쉬운 위로의 말을 할 수밖에 없었다. 내가 경험한 바로 사람의 심사는 잘 팔고 잘 산 어떤 경우에도 제3자의 잘했다는 말은 듣기 어려운지라 "그냥 듣고 넘기라."고 하였지만 내심 많이 아쉬운 것은 사실이었다.

내 나이 이순을 훌쩍 넘어가고 있다. 이제, 내가 알고 있는 작은 앎이라도 누구에겐가 도움이 된다면 알려주고 싶다. 오늘은 '돌다리도 두드려 보고 건너라'는 속담이 생각나는 아침이다.

말言

시위를 떠난 화살처럼 '휭' 하고 말 한마디가 날아왔다. "이! 아줌마들이…." 하는 소리였다. 상황을 보아서 합석하려고 했던 터였다. 아까부터 사무 보조원이 고객인 두 남자와 상담을 하고 있었는데 필요 이상 많은 말을 한다고 생각은 했다. 그러더니 기어이 귀에 거슬리는 소리가 들렸다. 그녀와 단둘뿐이었던 사무실에서 서류를 정리하고 있던 나는 나까지 무리 지어 하는 말이 몹시 귀에 거슬려서 자리를 박차고 일어나 에둘러 이야기의 진행을 저지시켰다.

보조원인 그녀는 아이 엄마인데도 의욕과 부지런함이 남달랐다. 어릴 때부터 친정에서 음식점을 운영하였다고 하는 때문인지 나보다 열 살은 어린데도 수완이 좋았다. 남자 직원들과의 유대관계도 원만하여 회식을 할 때는 내가 못 먹는 술을 대신 먹어 주는 술 상무 노릇을 해주며 분위기를 잘 맞추어 주었다. 그런데 부동산 중개업 이론에는 아직 미숙하였다. 결국 그것이 화를 불러온 것 같았다. 그녀의 서투름은 인정하지만 그렇다고 그렇게 고함지르듯이 말을 하는 고객의 어투가 무척 불쾌하였다. 공장 부지를 구하려고 왔다고 하였으나 더 이상 말을 하고 싶지 않았다.

조선시대 훌륭한 재상으로 알려진 황희 정승에 관한 일화 중에 '검정 소와 누렁 소' 이야기가 있다. 길을 가던 정승이 밭을 갈고 있던 농부에게 '어느 소가 일을 잘 하느냐'고 물어보자 농부는 쟁기를 놓고 밭에서 나와 황희의 귓속에 조용히 속삭였다는 이야기이다. 동물에게도 사람의 마음으로 비추어 배려한 농부의 슬기로움이 엿보인다. 말에 관한 중요성을 강조하는 것은 어느 나라나 마찬가지인가 보다. 중국 속담에 '차가운 밥, 차가운 차는 참을 수 있지만 차가운 말만은 참을 수 없다'고 하고, 이스라엘 속담에는 '당신의 입안에 들어 있는 한, 말은 당신의 노예다. 그러나 입 밖에 나오면 당신의 주인이 된다.'고 하였다.

말! 하루에 수많은 말을 하고 살면서도 말의 귀중함을 깨닫지 못할 때가 있다. 어느 날은 말하기에 열중한 나머지 어디쯤에서 끝말을 해야 하나 실마리를 찾지 못하기도 하고, 왜 이렇게 말을 많이 하는지 필요한 말은 얼마나 했는지를 모를 때가 있다. 준비되지 않은 말, 남의 허물이나 탓하는 말, 넌덕스러운 말, 이성理性의 필터를 거치지 않은 말은 해포이웃의 정을 끊어 놓기도 하고 연인의 가슴에 비수로 변하기도 한다. 절제할 줄 아는 말, 겸손한 말, 부드러운 말은 혀에서 나오는 음악처럼 사람의 마음을 움직이게 한다. "환자에게 진정 어린 위로의 말 한마디는 병을 빨리 낫게 하는 약이 될 수 있다."는 의사의 말도 있다.

말씨에 불이 당겨져 사람과 사람의 마음이 이어지고 인간미가 풍겨져 나오는 말은 어느 맛난 음식의 감칠맛에 비교할 수 있을까. '수묵화의 멋은 여백의 신선함에 있고, 꽃이 가장 예쁠 때는 반쯤 피어 있을 때'라고 하며, 인품의 향기도 절제된 말 속에서 전해진다고 한다. 입술의 "삼십 초"가 누군가의 가슴에 담겨 삼십 년을 갈 수 있다는, 말! 때와 장소에 따른 시의적절한 한마디 말은 좋은 영화의 한 장면처럼 두고두고 촉촉근하게 가슴을 적셔 온다.

회오리바람

공인중개사협회 협회지 1면 기사에 자랑스러운 얼굴들이 환하게 웃고 있다. 각 도에서 뽑힌, 내로라하는 참신한 인물들이 소신과 앞으로의 계획을 펼쳐 보이고 있다. 지난 8월 무더위가 기승을 부릴때 한국공인중개사협회에서는 도道 지부장 선거가 있었다. 연일 바람 한 줄기 없는 훅훅 내리쬐는 더위와 함께 임기 삼 년의 도지부장 자리를 놓고 회오리바람이 서서히 일기 시작하였다. 충북지부에서도 점차 후보의 윤곽이 드러나고 있을 때, 중앙협회에서 원로 한 분이 찾아오셨다. 출사표를 던진 세 명의 후보보다 지명도가 있고 전前 재임 기간 동안 과오가 없었다는 평가로 '다시 한 번 지부를 맡아 보는 것이 어떠냐.'는 이야기였다.

'인간은 망각의 동물'이라고 하였던가. 나는 지난 일을 잊어버리고 통합된 회원 1900명(2015년)의 '우두머리' 자리에 잠시 욕심이 났다. 다시 한 번 자신을 시험대에 올려 보고도 싶었다. 바로 결정할 수 없어서 시간을 달라고 하였다. 몇몇 지인과 의논을 해 보고 지나간 일을 곰곰이 짚어 보았다. 일생에 더는 오지 않을 기회를 잡으라는 이도 있었고, 체력을 염려해 주는 이도 있었다. 그러나 나의 생각은 무엇보다 '역량 있는 이가 나와서 협회의 발전과 회원의 권익을 위하여야 한다.'는 결론에 이르렀다. 사흘이 되던 날 결국 고사固辭의 말씀을 드렸다.

십오 년 전 느닷없이 지부의 큰 역할을 짊어지게 되었다. 주위의 많은 분들이 도와주었지만 나는 밤마다 '과연 무사히 하산할 수 있을까?' 하며 바람 세차게 부는 날 빨랫줄에 앉은 참새의 심정이었다.

그때 지부의 큰 역할을 맡고 능력이 없던 나는 발로 뛰고 몸으로 부딪치며 열심히 하는 수밖에 없었다. 서울에서 제주도까지 교통이 두절되도록 눈이 푹푹 쏟아지던 날이었다. 무진 고생을 하면서 기차를 타고 제천 산골 마을까지 애사哀事를 당한 회원을 찾아갔다. 회원 독려를 위해서는 늦은 밤에도 사무소를 방문하여 협회 소식을 전해주었다. 그리고 중앙회 회의에 참석하여서는 회원의 입장이 되어 목소리를 높이기도 하였다. 저녁이면 고된 훈련에 지친 병사처럼 잠자리에 쓰러졌다. 이튿날에도 짜여진 계획에 좇아 회오리바람처럼 돌고 돌다 보면 힘에 버거웠지만 가벼운 노란 완장이 되지 않기 위하여 최선을 다하였다.

어느 날 일행과 함께 조금 늦게 회의장에 도착했을 때이다. 내가 들어서자 먼저 와 있던 원로 회원님을 비롯하여 임원진 이십여 명의 회원들이 벌떡 일어나 예禮를 갖추며 내가 자리에 앉기를 기다리는 것이 아닌가. 순간 나는 기절할 뻔하였다. '윗사람'에게 하는, 대접받는 느낌이었다. 퍼뜩 머리에 스치는 '이런 기분이라면 집을 팔아서라도 이 자리를 고수하고 싶다'는 짧은 생각이 들었다. 그런데 나를 향함인 줄 알았던 그들의 의식은 조직을 위하는 마음이었고 협회에 대한 예우였음을 아는 데는 시간이 오래 걸리지 않았다. 새로운 조직을 세우고, 매일 단정한 모습으로 바라보는 이들의 눈높이에 맞추어야 한다는 것은 무척 어렵고 힘이 들었다. 맞지 않는 장화를 신은 것 같기도 하고 무거운 갑옷을 입은 것 같은 중압감에 시달려야 했다.

부전승으로 고지에 올랐던 나는 이번 선거유세를 보며 '민주주의 꽃'이라는 선거가 꽃으로 보이지 않았다. 믿었던 텃밭에서 뭉치표가 새어 나가고 "나에게 힘을 주었던 동료가 오늘은 상대 후보에게 웃어 주고 있다."고 하소연을 하던 후보. 오직 살아남아야 한다는 일념으로 그들은 망가지고 피폐해 갔다. 비난하며 헝클어지고, 먹이를 앞에 두고 아귀다툼하는 하등동물처럼 그들은 이미 평소의 모습이 아니었다. 결정적인 순간이 다가오자 후보들의 입술이 부르트고 피로한 기색이 역력한 얼굴에는 붉은 반점이 돋아났다. 며칠 뒤 광풍이 지나가고 나면 승리자, 패배자 그들은 모두 황량한 들판 같은 마음을 얼마간 추슬러야 할 테다.

한 줄기 거센 바람이 지나간 것 같은 지금, 나는 시골 마을에 온 거처럼 편안함을 느껴 본다. 저녁이면 밤하늘에 걸려 있는 달을 바라보며 은은한 여유를 즐기고 있다. 올여름 한차례 쏟아지는 소낙비처럼 회오리바람은 그렇게 나를 피하여 지나갔다.

대박

10년이면 강산이 변한다는데 남성들의 전유 영역처럼 생각되던 중개업계에 투신한 지 올해로 강산이 세 번 변하고도 반이 되어가는 세월이 유수처럼 흘러갔다. 좌청룡, 우백호, 주산, 안산. 도시계획을 벗어난 지역의 전, 답은 도로를 기준으로 낮은 쪽보다 높은 쪽이 좋다. 도심지 자투리땅의 이용도와 대지의 적합성, 최소 면적은….

초보 시절 이론으로 외우고 현장을 다녀와서 기억 속에 확연하게 담아 두려고 애썼던 일들. 사람의 얼굴이 모두 다르듯이 토지의 모양, 현황도 각양각색이다. 처음 보는 사람임에도 좋은 인상의 사람이 있는 것처럼 땅을 보았을 때도 첫눈에 '이것이다' 하고 당겨 오는 느낌이 있다. 그런가 하면 다시 볼수록 괜찮은 부동산도 있다.

반면에 토지의 모양이 반듯하고 벼농사도 잘되는 논畓인데 알고 보니 지하로 수로가 지나간다거나, 깨끗하고 고급스럽게 지어진 건축물 주변에 혐오시설이 있거나, 규제법의 저촉이 있으면 매도 의뢰된 물건의 가치는 현저히 달라진다. 그렇기 때문에 공인중개사는 매수의뢰가 있을 때 매도 의뢰된 물건의 서류를 먼저 검토하고 현장조

사와 현재의 가치 또는 장기적 도시 계획과의 관계를 파악한다. 그런 다음 의뢰인이 원하는 것과 부합되는지 확인하고 다시 한 번 전체적으로 판단하여 중개를 하게 된다. 이런 일련의 과정을 진행하면서 부동산에 관한 것만이 아닌 의뢰인 당사자들의 인간적인 면모를 함께 보기도 한다.

질그릇처럼 보기에는 투박스럽지만 정이 가는 사람, 겉모습은 말쑥하고 세련되어 보이지만 깊이가 없고 얄팍한 사람, 자기의 지식도 만만치 않다는 듯 말이 많은 사람, 어떻게 하면 좋은 물건을 싸게 살 수 없을까 머리를 쓰는 사람, 또는 중개 과정을 말없이 지켜보다가 잔재주를 부리는 사람 등 여러 형태의 인간 모습이 있다. 그중 내가 좋아하는 고객은 나를 믿고 온 순수한 손님이다. 나를 믿고 맡기는 이들에게 나는 내가 할 수 있는 모든 것을 다하여 주고 싶다. 지금 생각해 보면 17년 전 그날도 그랬다. 친척의 알음으로 나에게 온 40대 중반의 외무 공무원 부부. 그들의 인상은 부동산의 '부' 자字도 모르는 동안의 얼굴이었다. 외국 근무하는 동안 아파트 전세금을 이용하여 보자는 생각으로 그들은 오로지 나를 믿고 온 것이었다.

의뢰인이 부동산을 보는 안목의 기준이나 정보가 일천日淺할수록 나의 부담은 크다. 그렇지만 나를 믿고 온 만큼 나는 내가 할 수 있는 노하우를 최대한 발휘하고 싶은 마음이 든다. 그들이 갖고 있는 자금에 맞는 최고의 작품을 만들고 싶은 욕망 또한 커진다. 그때 마침 의뢰인의 자금에 적합한 투자 용지가 있었다. 시내를 벗어난 ○읍의 공인중개사와 협력하여 토지를 권고하니, 순응하여 수월하게 계약이 이루어졌다. 그 후 그들은 외국 근무지로 발령이 나서 출국하였고 일 년이 지난 어느 날 아침 조간신문을 펼치던 나는 깜짝 놀랐다.

'○읍 xx리 아파트지구 지정'

그들이 매입한 ○읍의 토지가 아파트 지구로 지정이 되어 전체 토지의 2/3가 편입되었다. 그야말로 대박이 난 것이다.

투자한 원금이 보상으로 나오고, 나머지 토지 1/3, 660평방미터(약 200평정도)는 아파트 정문 앞 노른자위 땅이 되어 남게 되었다. 상가를 건축한다면 10여 개의 점포가 나오는 것이었다.

나에게 남성들처럼 광대한 스케일이 없어 기록할 만한 작품은 없었다. 그러나 나름대로 의뢰인에게 최선을 다하여 대과大過 없이 실망을 주지 않았던 것에 자족하여 본다. 그런데 33년이 지나는 동안 많은 형태의 계약을 해오면서 공통적으로 느끼는 가장 중요한 것이 있다. 모든 의뢰인은 중개업자를 선택할 때 심사숙고해야 한다는 것이다. 경험이 많고 그 지역에서 오랫동안 성실하게 일을 하여 온 전문 중개업자여야 한다. 왜냐하면 그 선택의 결과는 곧 자기의 몫으로 남기 때문이다. 그리고 그에 따른 믿음과 진솔한 모습으로 중개업자에게 다가갈 때 좋은 인간관계를 이룰 수 있다. 그런 다음에야 서로에게 최선을 다할 수 있는 상대가 되어 만족한 결과를 가져왔던 것 같다. 이 모든 것이 '사람의 마음이 먼저 열려야 하기 때문'이 아닐까 생각하여 본다.

자화상

호수공원 물 위에 몇 마리의 오리가 놀고 있다. 아직은 차갑게 느껴질 터인데 방금 일어났는가 보다. 얼굴을 씻는 양 물속에 얼굴을 넣었다 빼기를 계속하고 있고, 물 밖으로 나온 오리들은 물을 털어내며 부리로 하얀 날개 속 털을 고르고 있다. 새끼오리가 뒤뚱거리며 어미 뒤를 따라가고 있는 것을 보자 문득 어린 시절이 떠올랐다. 닷새마다 장이 열리는 날이면 어머니는 생필품을 사러 장에 가셨다. 어머니께서 머리에 동백기름을 바르시고 세수할 때 깨끗하게 닦아 엎어 놓았던 흰 고무신을 신으시면 장 구경을 갈 생각에 나의 마음이 덩달아 들떴다. 그리고 총총걸음으로 어머니의 뒤를 따라나섰다.

각기 다른 얼굴 표정들로 장터가 서서히 활기를 띠어 갈 때면 관록 있는 오일장의 터줏대감은 점방에 내놓은 물건을 먼지떨이로 털어내며 오가는 이들에게 말을 걸고, 시골에서 온 듯한 아낙은 아직은 한산한 좌판坐板에 앉아 참외를 맛있게 먹고 있었다. 흐트러진 머리칼은 아랑곳없이 먹는 즐거움이 얼굴에 그득했다.

시끌벅적한 시장의 한구석 모퉁이에는 시멘트로 만든 커다란 쓰레기장이 있었다. 그 쓰레기장을 꼽추 영감은 방으로 꾸며 혼자 살고 있었는데 어느 날 지능이 조금 모자란 여자를 데리고 와서 그곳에서 함께 살기 시작했다. 쓰레기장 속에는 간단한 세간살이가 있었고, 두 사람은 그곳에서 살림을 하며 서로를 끔직하게도 위해 주었다. 장날이 되면 그 모습을 보려고 장꾼들이 모여들었다. 그들의 방을 들여다보기도 하고 장을 본 먹을거리를 나누어 주기도 하였다. 옹색한 곳에서 그들은 언제나 웃는 얼굴로 하루하루를 살아가고 있었다.

얼굴 관상가 내경은 '사람의 얼굴에 삼라만상이 모두 들어 있다'고 하였다. 얼굴 그 자체가 우주라고도 했다. 얼굴에는 그만큼 세상의 이치는 물론 '인생살이가 담겨 있다'는 뜻일 게다. 굵은 땀방울이 흐르는 농부의 얼굴을 보며 알곡을 얻기 위해서 여름날 뙤약볕 아래 어떤 노력을 해야 하는지를 알게 하고, 어린아이를 안고 있는 어머니의 얼굴은 단장한 여인의 얼굴보다 더 귀하게 여겨진다. 나이 드신 이의 연륜이 담긴 얼굴은 열심히 살아온 훈장처럼 빛나 보인다. 어느 노랫말에 '사람이 꽃보다 아름답다'고 했는데 진지함이 있는 얼굴이야말로 꽃보다 아름답다고 느껴진다.

취업하기가 쉽지 않은 요즈음, 면접시험에 좋은 점수를 받기 위하여 성형 수술을 하면서 얼굴을 바꾼다고 한다. 성형 수술이 발달한 우리나라에 외국 젊은이들이 성형 쇼핑과 의료 관광을 온다고 하였다. 표정이 운명을 만든다고 남에게 좋은 얼굴을 보여주기 위한 노력은 긍정적으로 보이기도 한다. 사람은 늙어가면서 자연스런 '한 판의 초상화를 얼굴에 새긴다.'고 하였다. 자신을 닮은 초상이란다. 인생의 끄트머리에 남을 초상화엔 그동안 어떻게 살아왔는지 삶의 이력이 그대로 녹아 있다고도 했다.

과연 나의 초상은 어떤 모습일까?

오늘 하루를 살아가고 있는 것이 누구에게 보이기 위한 치장이 아니듯이 나는 미래 나의 모습에도 어떠한 덧칠을 하고 싶지 않다. 그것이 '나의 자화상'이리라.

방금 찬물에 헹군 그냥 맑은 얼굴이고 싶다.

홀로서기

뜨거운 여름이 시작되는 한낮이었다. 유리창을 사이에 두고 밖에는 열기가 달아오르는데 그녀의 집 안에는 커텐도 걷지 않은 채 였다. 아무도 없는 듯 어두컴컴한 적막 속에서 시곗바늘도 멈춘 듯이 고요했다. 남편이 병환 중이라는 이야기는 들었던 터여서 몇 번 전화를 해도 받지 않아 필경 무슨 일이 생겼음을 예감하고 지인들과 함께 찾아갔다. 여러 번 초인종을 눌러도 답이 없더니 한참 지난 후에야 기척이 나며 문을 열어 주었다. 간신히 자리에서 일어난 듯한 표정에서 보통 일이 아니었음을 직감할 수 있었다. 큰일을 치르고 난 후에 보이는 부스스한 허탈감이 온몸에 절은 채 그녀가 혼자 있었다. 예상했던 대로 억겁의 인연을 떠나보냈다는 이야기였다.

오래된 친목 모임 회원 중의 한 분이었던 그녀가 지난해 홀로되었다. 그녀는 교육 공무원이었던 남편에게 보수적인 아내의 역할을 무던하게 하며 시어른을 잘 모시어 효부상을 타기도 했다. 깐깐한 남편의 비위를 맞추고 시대에 맞지 않게 순종하던 그녀, 그렇게 사는 것이 가끔은 답답하게도 느껴졌는데 힘든 시집살이, 남편 살이를 모두 잘해 내었다.

그런데 가부장적이었던 남편은 생전에 그녀에게 아내 대접을 제대로 해주지 않았던가 보았다. 옛 어른들에게 한학을 배웠지만 신교육을 많이 받지 않은 아내를 늘 무시하며 뒤늦게 배운 글짓기 공부를 할 때도 "아는 것이 없는데 무슨 글짓기냐."고 면박을 주었다고 하였다. 그런데도 그녀는 사회봉사 활동을 열심히 하여 상을 타오고 어려운 학생에게 용돈을 주기도 하며 자녀들을 아무 탈 없이 잘 키워 내었다. 하지만 가족 간에, 가장 가까운 남편에게 인정받지 못하고 살아온 것에 대한 한이 있다고 하였다. 그래서 남편이 없을 때 몰래 책을 읽고, 글짓기 연습을 하고 드디어 작은 책을 내기도 하였다.

그렇게 핀잔하던 남편이 삼 년 전 병이 난 후, 병수발도 힘이 부치게 하더니 끝내 이승을 떠나보내었다. 살갑지 않던 남편이 없으면 새장을 탈출한 새처럼 창공을 훨훨 날 것 같았단다. 그런데, 그랬던 그녀가 한 해가 다 가도록 외로움과 함께 누워 있다. 전화를 하면 아무것도 하기 싫고 의욕도 없다고 하며 "재밌게 살아라. 인생 아무것도 아니다."라고 외마디처럼 당부를 한다.

남편의 임종이 가까이 왔다고 느꼈을 때 그녀는 남편에게 물었다고 한다. "여보 나한테 할 말 없어요?" 돌아온 대답은 "없어." 다시 또 "여보 할 말 진짜 없어?" "없어." 사흘 동안 같은 말 네 번을 물었는데도 답은 마찬가지였다고 한다. 다시 올 것도 아니고 한번 가면 끝인데 듣고 싶은 말 한마디 해주지 않은 남편에 대한 서운함을 말하며 헛헛한 웃음이 눈물과 함께 흘러내렸다.

그럼에도 애증愛憎만큼 진한 정이었을까. 안개가 걷히지 않은 이른 아침에도 어둠이 내려앉는 밤에도 남편이 떠난 자리가 너무 크단다. 시틋하게 여겨지는 하루의 일상에 텅 빈 마음을 잡을 수가 없다고 하였다. 살 만큼 살았다고 할 칠순의 나이라고 생각했는데 그녀는 많이 흔들리고 있었다. 이제 남은 길을 홀로 가야 하는 그녀가 무척이나 안쓰럽게 보인다. 생전에 아내의 마음을 채워주지 않았던 남편이지만 남에게는 무척이나 사근사근했다고 한다. 그런 남편이 마지막까지 왜 아내에게만 그렇게 말을 아꼈는지. 다음 생에 만나면 꼭 한번 물어보시라고 당부하며 나오는데 그녀가 구부정한 등으로 따라 나온다. 여름밤인데도 밤바람이 제법 서늘하다. 과연 그녀가 홀로 서려면 얼마나 시간이 흘러야 할까….

향심기도Centering

대낮 햇볕이 내리 쬐이는 환한 바깥세상이 커튼으로 가려져 한 점 불빛이 없다. 성당 지하방, 전등불도 꺼진 깜깜한 어두움 속에 대 여섯 명이 모여 기도를 시작한다. 많은 소小그룹으로 하는 기도 중에 하나인 〈향심기도〉이다. 하루에도 몇 번씩 밖으로 치닫던 마음을 잡고 편안한 자세로 둘러앉아 두 손을 무릎 위에 올려놓고 눈을 감는다. 숨소리조차 들리지 않는 칠흑 어둠 속에서 미궁 속의 자신을 찾아 나서는 기도이다. 무엇이 자기 안에서 '어린아이' 노릇을 하고 있는지 소리 없이 자신을 향하여 항해를 하는 것이다. 그렇게 침묵의 두어 시간이 지난 후 점차 고른 숨소리가 귀 가까이 들리기 시작하고, 작고 짧은 종鐘소리가 끝나는 신호를 보내면 불을 켜고 토론을 시작한다.

나이가 지긋한 이가 먼저 말문을 연다. 젊은 시절 술과 여자에 빠져 가정을 돌보지 않았던 늙은 남편의 병수발을 왜 자기가 해야 하는지에 대해 화가 난다고 하였다. 또 한 사람은 남편의 형제가 세 명이 있는데 몸이 약한 며느리인 자기가, 치매에 걸린 시어머니를 모셔야 하는지에 대하여 분노하고 있었다. 다른 옆 사람은, 어렸을 적에 딸이라고 구박을 받았다고 하며, 그 기억에서 벗어나지 못하고 어머니에 대한 미움으로 지금도 괴로움을 겪는다고 하였다.

가톨릭 영성가인 '토마스 키딩'은 어린 시절의 무의식적인 정서적 내용들이, 원시적 감정과 연속적인 영상이 잠재해 있다고 했다. 그것이 성인이 되면 남을 비평하거나 비난 등의 형태로 저절로 방출되는 것이라고 한다. 그래서 성장 과정에서 얻은 상처를 심리적 영성적으로 반드시 치유하여야 한다고 하였다. 매일 아침 세수를 하고 손과 발을 씻듯이 세상에서 묻혀 온 먼지와 때를 닦아야 한다고 했다. 일종의 정신 치료이다.

요즈음, '힐링'이라는 말이 유행어처럼 자주 쓰이고 있다. 음악을 들으며 자신을 치유하고 그림을 감상하며 자신을 돌아본다.

'침묵의 기도' 프로그램은 온전히 멈춘 상태에서 자기를 보며 휘둘렸던 감정들을 가만히 내려놓는다. 처음에는 비록 두어 시간의 기도였지만 참을성이 필요했다. 어둠과 침묵 속에서 자신을 돌아보고 고요함 속에서 자기 내면의 소리를 듣고 스스로의 매듭을 풀어 나가는 노력을 하는 것이다. 나는 지금 내가 하고 있는 글짓기 공부도 기도와 같다는 생각을 해 보았다. 어설픈 글 한 줄을 써가면서 뒤죽박죽이던 마음이 자리를 잡아 갔고, 비워져 갔다. "마음을 비울 때 본래

적인 자아, 전체적인 자기를 통째로 바라볼 수 있다."고 한 선사禪師의 말이 떠올랐다.

전前에 종교가 다른 지인이 기도회를 갔다 와서 "은혜 받았다."며 눈물을 흘린 진한 감흥을 이야기할 때 '나는 기도를 잘못하고 있는 걸까? 제대로 된 기도는 어떻게 하는 걸까?' 한동안 생각했다. 그런데 잠자던 호수에 던진 돌처럼 한 줄 글을 고쳐 가면서 내 가슴에 울림이 왔다. 눈물을 흘리기도 하고 반성의 마음도 들었다. 글짓기 공부는 또 다른 나의 〈향심기도〉였다.

전화

어머님은 새해가 되면 집 안과 밖을, 몸과 마음을 정갈하게 하시었다. 언제부터인가 여느 때와 다르게 조그만 것에도 민감한 반응을 보이시던 어머님을 나도 닮아 가고 있었다. 양력으로 1월 1일 10시 30분경 "따르릉" 정초 첫 전화가 걸려 왔다. 새해 신년을 조심스럽게 맞는 첫날 전화. 평소보다 정성스럽게 받았다. "여보세요…." 그런데 들려 온 말은 "***집 아니에요?" 하는, 어투도 좋지 않은 여성이 다른 이의 집을 찾는 전화였다. 순간 물그릇을 들고 공손하게 걸어가다 엎어진 기분이었다. 언짢은 마음으로 퉁명스럽게 전화기를 '탁'놓았다.

조금 있다가 다시 전화벨이 울리고, "전화를 왜 그렇게 불쾌하게 받아요?" 하며 되돌려온 음성에 서로 기분 나쁜 소리를 하면서 언성이 높아졌었다. 그러던 어느 날 아침 아홉 시쯤이나 되었을까? 컨디션이 안 좋아 누워 있는데 전화 음이 울렸다. 언제나 아침에 오는 전화는 그날의 시작임으로 한 박자 쉬고 전화기를 들었다. "여보세요." 했는데 아주 낮은 음성의 남자 목소리였다. "법원……." 뒷소리는 잘 안 들렸다. 머리에 스치는 몹시 불쾌한 생각에 “전화 잘못 걸었어요.” 하고 수화기를 내려놓았다.

생각해 보면 볼수록 그 전화 속에서 들려오던 저음에서 느낌이 무척 안 좋았다. 그리고는 잊어버렸다. 그런데 언제인가, 문학회 모임의 저녁 식사 자리에서 마주 앉은 지인知人 말씀이 “우리 남편이 신현애씨 알던데요.” 하였다. 본시 집 안에서만 있는 사람이 아니라 내가 모르는 이가 나를 알 수도 있겠지만 왠지 뒤가 개운치 않았다. 누구일까? 그런데… 원수는 외나무다리에서 만난다고 하더니. 바로 그 짝이었다. 이야기를 듣고 본즉, 오래전 그날 아침 “법원….” 하던 저음의 그분 이 바깥어른이라고 하시었다. 이런 불찰이.

나는 무슨 말로 그때의 불손을 변명할 수가 없었다. 사회생활을 하다 보면 상대방에게 나의 모습을 바르고 좋게만 기억에 남게 할 수는 없다. 하지만 그날은 완전히, 내가 먼저 질러 버린 일이었다. 그즈음 잘못도 없는 일에 휘말려 법원을 오고 가고 겨우 문제가 마무리되었을 때였다. 그때 ㅊ대 평생교육원에서 한 학기 ‘한방과 건강’ 과목의 강좌를 듣고 있던 중이었는데 총무를 맡았다. 학기 초 수강생 파악이 안 되는 나에게 확실한 신분을 밝히느라고 그렇게 전직을 말씀하셨던 게다. 그런데 나는 ‘법’ 소리만 들어도 놀라고 지쳐 있을 때였으니, 그만 실수를 하고 만 것이었다. 회식을 하면서 지인께 간단한 당시 사정 말씀을 드렸고, 즉시 그분의 바깥어른께도 통화하여 뒤늦은 사과의 말씀은 드렸지만 실추된 나의 모습이 회복할 수 없다는 것은 내가 아는 사실이었다.

전화! 사랑을 하고 있는 이들에게는 전화기를 통해 들려오는 정이 담긴 목소리의 느낌은 플러스 묘약이 된다. 음성만으로도 알 수 있는 서로의 감정은 더 큰 사랑으로 키우는 마력도 있다. 그러나 때로는 보이지 않는 상대라서 말이 쉽게 나올 수가 있다. 그래서 본 의도와 다르게 마음이 상할 때도 있고 오해가 깊어지기도 한다. 사람이 실수를 하지 않고 살아가기는 쉽지 않으련마는 한마디 말에 드러난 나의 미숙함을 언제 만회할 수 있을까?

6부

어느 하루

옷

긴 겨울이 지나고 어김없이 봄이 찾아오는 소리가 들리면 옷장을 열어 본다. 계절이 바뀔 때마다 '무슨 옷을 입을까' 하고 이리저리 찾아보아도 입을 옷이 마뜩찮다. 진달래 색으로 맞추어 입은 춘추 정장, 검은색의 양피 옷, 목둘레에 털이 소복한 것, 즐겨 입었던 짙은 녹색의 점퍼는 같은 색의 모자가 세트로 있다. 한때 T셔츠 목의 깃을 세우고 '비거리'를 재며 파란 잔디 위를 볼과 함께 걸어 보았던 옷이다. 십여 년 전에는 개량 한복에 취하여 사무실에서도 즐겨 입었다. 모두 한 시절 잘 입었건만 지금은 옷장에서 구석을 간신히 차지하고 있다.

'옷이 날개'라고 좋아했던 지난 모습이 그림 같기만 하다. 어떤 옷은 아직 색이 바래어지지 않았는데도 유행이 지났고, 색상이 맘에 들어 선택한 옷이 왠지 몸에 맞지 않고 거북하여 입지 않는 옷이 있는가 하면, 별다른 생각 없이 산 옷이 편하고 익숙해져 미어질 때까지 잘 입는 옷이 있다. 한창 때에는 몸에 꼭 맞는 맵시 있는 옷을 좋아했는데 지금은 모양보다 편한 옷을 먼저 찾게 된다. 모든 것에서 조금 자유로워진 지금 사람을 사귐에도 꾸밈이 없는 소박한 이를 가까이하고 싶어진다. 옷이나 사람이나 편안함이 좋아지는 것은 '갱년기에 여성성 호르몬이 적어지는 때문이다.'라고 하니 왠지 씁쓸한 기분이 들기도 한다.

옷을 입음에도 때와 장소가 있었다. 분위기에 잘 맞게 차려입은 옷차림은 그 사람의 인품도 돋보이게 한다. 오래된 앨범 속에 있는 사진 한 장, 나의 부덕의 소치가 그대로 나타난다. 그날 아마도 내가 남편의 의복을 챙겨 주지 못했던 것 같다. 고등학교 사은회 자리에 제자들과 찍은 사진인데 등산복을 입고 있는 남편의 모습이 '영 아니올시다.'이다. 단정한 옷차림이 자신과 상대방에 대한 예의라는 것이 확연하게 보인다. 때로 상대방이 어울리지 않은 옷을 입고 '명품'이라며 어색한 포즈를 취할 때는 바라보는 이가 괜히 불편해지지만, 자신이 깔끔한 옷을 입으면 자세도 바르게 되고 행동거지도 조심스러워진다.

인간이 처음으로 옷을 입기 시작한 시점을 찾는 노력은 엉뚱하게도 기생충 연구에서 단서를 얻고 있다고 하였다. 곤충의 일종인 날도래 애벌레는 작은 돌이나 나뭇조각들을 이어 붙여 정교한 튜브 모양의 구조물을 만들고 그 속에 들어가 산다고 한다. 애벌레가 돌아다닐 때 늘 함께 움직인다는 점에서 그것은 집이 아니라 '일종의 옷'

으로 간주해야 한다고 학자는 말하고 있지만, 집이든 옷이든 몸을 보호하는 '일종의 장치'일 수 있겠다.

옷! 때로 '외형으로 보이는 것은 중요한 것이 아니라'고 한다. 하지만 내가 체험한 것은 그게 아니었다. 평소 나는 현장답사를 갈 때 옷을 갖춰 입고 갈 수가 없어서 점퍼나 바지 차림에 운동화를 신고 다닌다. 그렇게 다니다가 나의 사무실에서 제대로 갖추어진 옷 모습을 본 지주地主는 말씨가 달라지기도 하고, 매도賣渡할 의사가 없다고 완강하던 이는 부드러운 표정으로 바뀔 때가 있다. 겉모양도 분명한 가치가 있다고 느끼는 순간이다. 옷과 사람이 어울려 조금은 긴장하고 살아가는 것이 보기가 좋다.

목욕탕

휘적휘적 오던 가을바람이 성큼 코앞으로 다가왔다. 사람들의 발걸음이 빨라지게 하는 계절이다. 이런 날이면 뜨뜻한 목욕물에 몸을 푹 담그고 싶어진다. 내가 어렸던 시절에는 목욕문화가 발달되지 않았다. 목욕은 연중행사였다. 봄, 가을 또는 명절을 앞두고 목욕탕을 대신한 부엌에서 어머니는 커다란 무쇠솥에 물을 데우셨다. 우리들은 한 명씩 불려가 솥에 들어갔다. 오빠, 나, 남동생에게 남탕도 여탕도 아닌 정지가 곧 목욕탕이었다. 달궈진 솥바닥은 몹시 뜨거워서 발을 번갈아 바꿔 가며 들었다 놓았다 하였다. 어머니의 얼굴은 땀범벅이 되었지만 우리는 장난끼를 발동하기도 했다. 뽀드득 소리가 날 때까지 씻겨 주시는 엄마를 우리들은 귀찮게만 여겼지 힘이 드셨을 거라는 생각은 미처 하지 못했다.

결혼한 후 첫 살림을 한 곳이 '무극' 이다. 지금은 공장과 부대시설이 들어찬 혁신 도시로 몰라 보도록 변모 하였다. 사십여 년 전쯤 시골 마을에 오일장이 서는 날이면 목욕탕은 굳게 잠겼던 문이 열렸다. 사람이 입장하고 한참 지나야 훈기가 도는, 면 소재지에 하나뿐인 목욕탕이었다. 날씨가 썰렁한 날은 채 데워지지도 않은 욕조 바닥에서 묵은 때를 불려 벗기느라고 애를 썼다. 장날이 아닐 때는 목욕을 하는 날을 정하여 사십여 분 버스를 타고 읍내로 갔다 와야만 했다. 같이 갈 수 없는 남편은 퇴근하고 집에 돌아오는 시간에 맞춰 부엌에 데워 놓은 물이 담겨진 커다란 고무대야 안에서 씻었다.

옛날에도 목욕을 즐겨했다는 이야기가 있다. 목욕의 기원은 신라시대 귀족들의 집에서 시작되었다고 하며, 고려인들은 신라인들보다 더 목욕을 즐겼단다. 송나라 사람으로 고려에 사신으로 왔던 서긍이 기록한 '고려도경'에는 사람들이 하루에 서너 차례 목욕을 즐겼으며 사찰뿐만 아니라 개성의 큰 강이나 냇가에서도 남녀가 한데 어울려 목욕을 했다고 하는데, 당시 여인들은 목욕용 모시치마를 입고 물에 들어갔다고 한다.

지금은 목욕탕이 집 앞에 있다. 이제 고무통 안에서 말 잘 듣는 아이처럼 볼이 발그레 익었던 남편의 등을 밀어줄 일이 없어졌다.

목욕탕이란 이름도 멋있게 'ㅇㅇ사우나'로 되어 있는 곳이 있고, 물의 종류도 다양하게 알카리수, 해수 등 다른 지역의 물을 공수해 오기도 하며 피부에 좋은 약초를 넣어 주기도 한다. 건물의 규모 면에서도 크고 넓어 냉탕, 온탕 등 어디를 가도 넉넉하게 물을 사용할 수 있다. 휘황한 간판 아래 실내에는 간단한 먹을거리가 있고 잠을 잘

수 있는 찜질방도 있다. 이제는 단순히 때를 씻는 목욕탕이 아니다.

현대인이 휴식을 즐길 수 있는 문화공간이 된 지 오래다. 이제 목욕탕은 관광지에서는 노천탕이라고 하여 남녀노소가 가벼운 옷차림으로 함께 즐기는 문화의 한 축을 이루고 있다. 누구나 쉽게 즐길 수 있어서 좋다. 그런데 문질문명의 발달로 어느 곳에서나 물을 풍족하고 손쉽게 쓸 수 있는 시대 앞에서도 나는 가끔 목욕탕에서 마음이 상할 때가 있다. 대야 가득 철철 넘치게 물을 쓰는 이를 보면 내가 주인이 아닌데도 아껴 쓰지 않는 그 사람이 미워지기 때문이다.

반려동물

콩이, 우리 집 강아지 이름이다. 지난해 딸의 간청에 못 이겨 사온 푸들 종種이다. 생후 넉 달이 되었다고 하는데 똥오줌을 가리지 못하고 아무 곳이나 싸고 다녔다. 큰방, 작은방, 침대며 이불, 새로 빨아 놓은 것에 일을 저지르면 나는 인내의 한계에 도달한다. 작은방에 가두어 보았고, 벌을 세워 보기도 하였다. 아무튼 작년 여름 내내 이불 빨래를 하느라고 무척 힘이 들었다. 견디다 못해 동물 훈련소에 상담을 하였더니 새로운 곳이면 자기 영역 표시를 하는 행위라고 하였다. 공간이 넓으면 익숙해지기가 더 어렵단다.

그렇게 일 년여를 신경전을 벌이다 보니 요것이 하는 귀여운 행동이 차츰 예쁘게 보이기 시작하였다. 외출에서 돌아오면 쫓아와 반갑게 맞아주고 달려와 뽀뽀세례를 퍼붓는다. 칭찬을 해주면 잘록한 허리를 좌우로 흔들며 좋아하기도 하고, 일을 저질렀을 때 '잘못했다'고 말하면 바로 꼬리를 내리고 어느 사이에 침대 밑으로 숨어 버린다. 몇 마디 단어도 알아듣고 본능적으로 사람의 사랑을 받으려고 애교를 부린다. 처음 애완견을 기르고 싶다는 딸의 말에 질색을 하던 내가 이제는 콩이의 반응에 길들여지고 있는 것이다. 점차 변해

가는 내 모습을 보며 딸아이는 "그것 보세요. 엄마도 좋아하게 만든다니까요." 하며 웃고 있다.

20여 년 전에도 개를 기른 적이 있다. 남편이 옆자리 앉은 선생님에게 얻어온 어린 개가 있었는데 콧등에 주근깨 같은 점이 있어서 이름은 깨순이라고 명명되었다. 자그마한 체구에 귀가 쫑긋하고 영리하여 그리 뼈대 없는 혈통은 아닌 것 같았다. 왜냐하면 우리 집은 대문 앞이 대로변이라 하루 종일 자동차 소리가 끊이질 않았는데도 나의 차 바퀴 소리를 알고 있었다. 내가 차를 정지하면 길길이 뛰면서 좋아라 하고 반기는 것에 정이 안 갈 수 없었다.

어느 날, 출근하던 나를 따라 나오다가 사고를 당했다. 차에 치인 깨순이를 급히 싣고 사직동 동물병원으로 갔다. 응급처치를 한 수의사는 "이 개를 꼭 살리고 싶으면 충남대학교 동물병원으로 가라."고 하였다. 순간의 갈등이 있었지만 입에서 피가 흐르고 정신이 없는 듯한 것을 그냥 둘 수가 없었다. 개를 뒷자리에 태우고 충남대학병원으로 달렸다. 얼마나 속력을 내었는지 모른다. 병원에 도착하여 정문 경비원에게 수의과가 어디냐고 물었다. 몇 마디 말을 묻고 듣던 그 사람은 "아무렴 사람과 동물을 같이 취급하겠느냐." 면서 빙긋이 웃었다. 충남대학교 동물병원이 아니고 충남대학병원이었다.

그때서야 내가 많이 서둘렀음을 알았고, 급히 차를 돌려 충남대학교 동물병원 수의학과를 찾아갔다. 링거를 맞고 X-레이 촬영을 한 후, 생명에는 지장이 없다는 진단을 받았다.

가끔 애완동물을 안고 다니거나 차에 동승하여 가는 이들을 볼 때 그 여유로움이 부럽기보다 '저렇게 좋을까?' 하고 의문스러웠다. 그리고 불우한 이웃이 많은데 동물에게 호사시키는 것이 몹시 언짢았다. 반면 나의 감성이 메말라 있음에 자성自省도 했다.

때로 사람의 마음은 도섭을 부려 배신을 하며 상처를 주기도 하지만 동물은 그렇지 않단다. 그래서인지 미물인 애완동물에게 위로를 받는다며 이제는 그 위상도 높아져 '반려동물'이라고 한다. 요즘에는 반려동물 보험이 있는가 하면 장례식장도 생겼다고 한다. 죽어서도 사랑받는 동물, 누가 보면 동물 애호가처럼 보였을 하루였다.

콩이, 깜박이며 바라보는 그 순박한 눈망울을 보고 있으면 지순한 사랑이 사람에게만 있다고 말할 수 없을 것 같다.

어디에 심느냐

"이 집은 전세예요? 사글세예요?" 우리 집으로 막 뛰어 들어오던 여섯 살 난 아이가 묻는 말에 깜짝 놀랐다. 어린아이가 저런 용어를 알다니. 새댁 시절 남편의 학교 직원 부인들이 모여서 점심식사를 하는 자리였다. 신학기가 되어서 새로 이사 온 사람이 있으면 신고식 겸 인사를 하는 친목 모임이었다. 알고 보니 국어과 선생님의 아들이었다. 그 선생님은 본가本家는 시골에 있고 현재 사글셋방에서 살고 있다고 하였다. 아마 어른들이 하는 이야기를 들은 모양이다. 젊은 시절, 대개의 경우 부모님의 도움이 없으면 처음에는 월세에서 시작하여 전세로, 또 방이 하나둘 늘어나면서 살림은 불어가는 것이 보통이다.

어른들은 간혹 체면을 생각하여 꾸며서 말하기도 하고, 약간의 말을 더하기도 하고 빼기도 한다. 그런데 천진난만한 아이들은 숨김없이 곧이곧대로 하는 모습이 아기사슴같이 맑고 예쁘지만 때로는 순진한 행동으로 어른들을 당혹하게도 한다. 피아노 학원을 하는 친구가 말한 적이 있다. 어린아이들이 하는 행동을 보면 집안의 환경을 어림짐작할 수 있다고. 그때 가슴이 움칠 하였다. "우리 집 아이는 과연 어떤 모습으로 비춰질까?" 하고 말이다.

그즈음 도로변 상가 건물이 즐비한 나의 사무실 옆 건물에 일인분에 2,500원 하는 고깃집이 생겼는데 사람이 구름처럼 몰려와 진을 치고 시끌벅적하게 장사가 잘되고 있었다. 이웃한 옷 가게에도 손님이 많이 오는 것이 딸아이의 생각에는 퍽 마음에 걸렸던가 보다. 나의 사무실에는 하루에 몇 사람만 왔다 가고 조용하니 많이 걱정이 되고 샘이 났을까. 때로 나를 도와준다고 하며 손님이 오면 찻잔에 물을 부어 주고 사무실을 지켜 주기도 하였다. 그 후에도 개업하는 가게가 있거나 손님이 왁자지껄한 곳이 있으면 몹시 궁금해하는 눈치였다.

어느 날 외출에서 돌아와 보니 딸아이가 나의 책상에 엎드려 무엇인가 열심히 그림을 그리고 자로 재며 가위로 오리고 있었다. 자세히 보니 색연필로 줄을 긋고 자기 이름과 나의 이름을 써놓고, 밑 부분에는 전화번호도 넣고 '오는 길'이라고 약도를 그려 넣은 것을 보고 궁금하여 물어보았다. 명함을 만든다는 것이다. 비뚤비뚤 지렁이를 그려놓은 그림과 글씨. 어미가 하는 일을 친구에게 알려 주어야겠다고 하였다. 며칠 후, 자모회의에 갔다가 연필로 쓴 명함을 자기 아들이 받아 왔더라는 이야기를 들었다. 하얀 종이 같은 아이들의 마음에 새삼 주변 환경이 물들어가고 있음을 알게 된 일이었다.

중학생이 되면서부터는 약속을 할 때 서약서를 쓰기 시작하였다. TV를 보는 시간과 책 읽기 등 나와의 약속을 적어 넣고, 허용해 주기를 바라고 도장을 찍으란다. 아기 때부터 현장을 갈 때 데리고 간 적은 있지만 계약서 쓰는 방법을 가르쳐 주지는 않았다. 고등학생이 되면서는 그 내용이나 조건이 한층 구체적이고 세분화되어서 때로는 특약 조항까지 넣기도 한다. 그리고 위 서약을 위반하면, 반대급부를 요구하는 단서까지 넣는다. 또 기간 만료전인데도 불구하고 텔레비전 프로그램 시청 시간이 변경되었다고 서약을 "갱신하자." 고까지 하였다. 직접 알려 주지 않았음에도 보고 들은 주위 환경이 어느 사이에 익혀졌을까.

아프리카 속담에 '한 아이를 키우려면 온 마을이 필요하다.'고 했다. 그만큼 주변 환경의 중요함을 이르는 말일 것이다. 이제 대학생이 되어 곁을 비우는 일이 잦다 보니 가끔 후회가 된다. 어렸을 적에 좀 더 좋은 것, 바른 모습을 많이 보여 주지 못한 것이… .

새로 사온 책의 표지에 '어떤 곳에 심느냐에 따라 결과는 달라진다.'고 적혀 있다.

생명수水

부~웅 부~웅 먼 뱃길에서 돌아온 뱃고동 소리가 귀항 신고를 하면, 앞이 안 보일 정도로 자욱하던 안개 속에서 자갈치 시장의 하루가 시작된다. 머리에 수건을 질끈 매어 쓴 아지매들이 커다란 고무함지를 이고 들고 바쁘게 움직인다. 잠결에 파도 소리인지 빗소리인지 분간이 안 되었는데, 새벽에 일어나 밖을 나와 보니 장독대 위에 뒤집어 놓은 암팡진 항아리 덮개마다 찰랑찰랑 빗물이 고여 있다. 모든 생물에게 필요한 물, 담겨 있는 물 안에는 맑고 푸른 하늘이 있고 둥실둥실 떠가는 구름도 있었다. 부엌에서 쓰이는 우멍한 그릇들도 모두 나와 있다.

어둠이 걷히지 않은 새벽, 부산 남부민동 산복도로 밑. 비릿한 바다 냄새가 배어 있는 비탈진 곳에 더덕더덕 낮게 붙어 있던 집들이 있었다. 담 너머 얼굴을 맞대고 이야기하던, 집보다 대문의 위치가 낮았던 사십팔 년 전의 그곳 풍경이다. 위에서 내려오던 사람이, 아래에서 올라가던 사람과 마주치면 옆으로 비켜서야 가던 길을 계속 갈 수 있는 좁은 골목이었다. 아침이면 "재첩국 사이소." 하는 소리가 귓전에서 잠을 깨웠다. 옹기종기 모여 사는 사람들의 모습만큼이나 생활들도 거의 비슷한 수준이었다. 먹고, 자고 그리고 개미가 집을 드나들듯이 바지런하게 움직여야 하는 생활의 연속이었다.

문화생활이라는 것은 다른 차원의 여유 있는 이야기였다. 그중에서도 특히 물 사정은 무척 안 좋았다. 사흘에 한 번씩 큰 소방차가 와서 물을 주고 갔는데, 굵은 호스에서 콸콸 나오는 물은 보기만 해도 막혔던 속이 트였다. 생명수였다. 그날이 오면 때를 기다렸다는 듯이 사람들은 여러 모양의 물통을 들고 나와서 일렬로 줄을 세워 놓았다. 양은 그릇, 함석 양동이, 붉으죽죽한 고무통, 플라스틱 네모난 큰 통, 시집올 때 갖고 온 것 같은 스텐 대야, 쭈그러진 큰 주전자까지도 나란하게 줄지어 놓여 있었다.

대체로 통과 함께 줄을 선 이들의 모습은 다양했다. 그 당시 유행했던 월남치마를 입고 나온 아줌마는 급히 나왔는지 옆 주름선이 비뚤게 뒤로 돌려져 있었고, 할머니 한 분은 머리를 감다 나왔는지 수건으로 물기를 닦기도 하고, 젊은 남성은 한 손에 피우던 담배를 들고 있었다. 찌그러진 양푼까지 들고 나온 여인은 앞뒷사람과 이런 저런 이야기를 하다가 자기 차례가 되면 조금이라도 물을 더 받으려고 신경전을 벌였다. 자기의 생명수인 물이 앞사람 것보다 적다고 하고, 긴 호스를 쥐고 있는 공무원에게 불평의 소리를 높이며 목청을 돋우었다. 줄을 잘못 선 이에게는 고함을 지르기도 하고, 더한 장관은 여인들끼리 물싸움을 하다 몸싸움으로 변하기도 하였다. 하여튼 물을 받는 날은 한바탕 소동이 일어났다.

그렇게 받아 온 물을 큰 독이나 고무통에 부어 넣으면 가을에 추수하여 쌓아 놓은 볏가리를 보는 듯한 그득한 마음이 되어 부자가 된 기분이었다. 물을 항아리 위에 올려놓은 그릇마다 채워 넣고 조금씩 아끼면서 썼다. 세수를 하고 난 물은 모았다가 애벌빨래를 할 때 쓰고, 옷가지를 한 번 헹군 물은 마당과 청소를 하는 데 쓰였다. 대체로 지금 우리는 집 안에 수도꼭지가 몇 개씩 있어서 흔하게 물을 쓰고 있지만 지구촌 어딘가에는 식수가 없어 구정물을 마시고 있다고 한다. 한 방울의 물, 우기雨期 중의 한 줄기 건수도 타는 갈증으로 목마른 생물에게는 생명수이다.

어디선가 읽은 기억이 있다. 저승에 가면 자기가 사용한 물을 전부 먹어야 한다고….

키다리 꽃

비를 머금은 구름이 잔뜩 내려앉은 아침이다. 어머니의 장독 뚜껑 여닫는 둔탁한 소리에 잠이 깼다. 졸음을 털어내려고 눈을 부비며 뜨락에 내려서면 담벼락에 병풍처럼 서 있던 노란색 꽃이 먼저 보였다. 꽃말이나 학명은 모른 채 키가 커서 키다리 꽃으로 불렸던 꽃이다. '아름다운 꽃은 향기가 적고, 화려하지 않은 꽃은 향기가 짙다.'라는 말이 있는데 이 꽃은 아름답지도 않고 향기가 짙지도 않았다. 실바람만 불어도 휘청거리는 꽃, 어릴 적 추억이 아늑하게 서려 있어서일까. 나는 그냥 이 꽃이 좋았다.

꽃 속에는 머리숱이 적어진 앞가르마를 반듯하게 타셨던 어머니의 얼굴이 있고, 막내 오빠의 얼굴이 있다. 중학생이던 오빠는 아기를 가진 큰형수가 좋아한다고 밤사이 제대로 영글지 않고 떨어진 연시軟柿를 부지런히도 주워 왔다. 흙과 티끌을 털어주며 형수에게 충정을 다하였던 일도 키다리 꽃은 기억하고 있으리라. 또 이 꽃 속에는 사춘기 소녀의 은밀한 비밀같이 떠오르는 얼굴 하나가 더 있다. 이웃에 살던 'ㄷ'. 그 애네 집 마당에도 키다리 꽃은 흐드러지게 피어 있었다. 더운 여름날 한줄기 시원한 소나기라도 흩뿌리고 난 뒤에는 더욱 선명하게 살아나는 노란 꽃잎 색. 시원한 툇마루에 벌러덩 누워서 보면 파란 하늘과 참 잘 어울려 보이던 노란 꽃이었다.

학교에서 돌아와 대문을 열 때, 감나무 밑 세면대에서 얼굴을 씻을 때에도 그 꽃은 담 너머 나를 바라보고 있었다. 그렇게 석 자가 넘는 키의 정겨운 꽃은 여름 내내 이웃을 지켜주는 듯이 이웃을 보고 있었다. 아침저녁으로 서늘한 바람 불어오던 밤에는 숙제를 안 해 와서 벌서고 있는 아이처럼 겅중한 키로 그렇게 서 있었다.

청아하고 자잘한 꽃잎이 밝은 달빛 아래 떨어지면 노란 눈꽃송이가 날리는 것 같았다. 그러다 겨울을 몰고 오는 찬바람이 일면 쌀뜨물을 뿌려놓은 듯 희뿌연 잎을 달고 있었다. 가느다란 줄기와 대궁은 결국 무서리 내린 아침에 삶아 놓은 것처럼 숨죽어 있었다. 갑작스런 큰오라버님의 전근으로 우리 집이 이사하던 날, 'ㄷ'은 마지막 짐을 들어주며 '잘 가라'고 하였다. 그때도 '여러해살이풀, 키다리 꽃'은 하늘거리고 있었다.

우암산이 마주 보이는 동네에 처음 집을 샀을 때다. 우연히 이웃집에서 이 꽃을 발견하고 옛 친구를 만난 듯 반가웠다. 뿌리 몇 포기를 얻어 와서 수돗가 화단에 심어 놓고, 봄에 새싹이 나와 꽃을 피우면 아침에 일어나 이 꽃을 보며 하루를 시작하였다. 문득 어린 시절로 되돌아간 것 같은 착각에 빠져 숨을 죽이면서 천천히 꽃 냄새를 맡아 보기도 했다.

복대동으로 집을 옮겨올 때는 뿌리를 캐어 아무도 모르게 나의 마음을 담아 이삿짐 귀퉁이에 넣어 와서 새집 마당 햇볕 잘 드는 곳에 구덩이를 파고 살포시 이 꽃을 심어 놓았다. 그리고 화단가에 소복하게 쌓였던 눈을 봄바람이 녹일 때면 나는 제일 먼저 이 꽃의 실체를 찾아보았다. 추운 겨울에 얼어 죽지는 않았는지, 새싹은 언제 나오려나 하는 기다림으로. 그런데 올해에는 목련, 앵두, 개나리, 철쭉 꽃잎이 지고 한낮에는 뜨거운 햇빛이 내리 쬐는데도 아무런 기척이 없다. 손가락으로 땅을 헤집어 보고 물을 주어 보았지만 전혀 싹이 나올 기미를 보이지 않는다. 지난가을 감나무를 심을 때 뿌리를 다쳤던 것일까?

마당 한구석에서 내 마음을 달래주던 고향의 꽃 키다리. 자잘한 꽃잎만큼이나 애잔한 추억이 완전 범죄처럼 나의 가슴에 있는데, 올여름에는 그 내음을 마음속으로 그려 보련다.

양성 평등

짙푸른 녹음이 온 산을 덮고 있다. 외로운 여인이 좋아한다는 밤꽃 향기, 우윳빛깔의 비릿한 냄새가 산허리를 휘감아 돌고 있다. 고양이 손이라도 빌리고 싶다는 6월, 어렸을 적 나는 농부의 아내가 되고 싶었던 시절이 있었다. 야트막한 집 뒤로 과일 나무를 심고 텃밭에는 채소를 갈아 햇볕 좋은 날 깨끗이 씻어 놓은 장독대 옆에서 봉숭아 꽃물을 들이는 미래의 모습을 그려 보기도 하였다.

그러던 내가 어느 날 절체절명의 각오로 공인중개사 시험 공부를 하게 되었고 합격자 발표가 있은 후 곧 바로 개업 (1985년 10월) 허가신청을 하였다. 일주일 만에 허가증이 나왔는데 충청북도 공인중개사 1호였다.(2018년 4월 현재 회원 2500여 명)

호황을 누리던 부동산 경기도 주춤하였고 유수有數한 남성들도 개업을 미루고 관망하고 있을 때 아는 것이 없으면 용감하다고 했던가. 누구도 가지 않은 길을 특히 여성 공인중개사로서는 불모지나 다름없던 미지의 세계에 호기 어린 도전장을 던졌다. 주택가 도로변에 사무실을 얻었고 청소를 하고 집기를 들여놓으며 검은색 유리창에 돋보이게 흰색과 청색으로 나의 이름 세글자 테두리를 감싼 광고를 붙였다. 그즈음 공인중개사 사무소 상호를 이름으로 넣은 곳은 없을 때였다. 종종 사무실 앞을 지나가던 이들은 성명으로 쓰여진 부동산 중개업소 간판을 낯설다는 표정으로 바라보았다. 그때 유리문으로 고개를 갸우뚱하는 사람들의 모습을 보며 무인도에 혼자 서 있는 듯한 외로움을 느꼈고, 밤이 되면 과연 "잘할 수 있을까?"라는 의구심疑懼心에 많이 잠을 설치기도 하였다.

한 건물 좌우측으로 경력 많은 중개업자가 포진해 있는 곳에서 나는 고객이 오면 무슨 말로 아는 척을 할까 얼버무렸다. 책상 앞에서 이론과 실무를 병행하고자 열심을 다하던 어느 날이었다. 사무실 문을 열어 보던 손님이 "어, 사장 없네." 하며 더 이상 묻지 않고 문을 "탁" 닫고 나갈 때 나는 아무 말을 못했다. '따르릉' 전화벨 소리에 얼른 달려가 "네, ○○○사무실입니다." 하면 대뜸 "사장 바꿔." 하는 단말마처럼 하는 말에 기가 막히기까지 하였다. 간혹 지식이 바닥날 것 같은 두려움에 방문한 손님이 '빨리 나가 주었으면.' 하는 조마조마 하는 마음이 있었고, 때로 많은 남성들 속에 섞여 다니는 나를 불안한 모습으로 바라보는 이도 있었다. 어떤 할아버지는 계약서를 쓰고 있는 내 옆에서 시골 동네 다방 '미스 리'의 손을 만지듯이 살며시 내 손을 잡아 보기도 하였다.

매일매일 현장 경험이 많은 고수들에게 배우면서 익혔다. 논과 밭의 경계점, 의뢰된 물건에 하자는 없는지를 확인했고, 고객이 원하는 조건에는 부합하는지를 고민하였으나 교본에 없는 것이 많이 있었다. 행정적 도시계획과 전망은 정확한 정보와 체험에서 얻은 긴 안목의 느낌으로 판단하는 종합적 작품이어야 했다. 잠자리에 누워서도 머릿속으로 낮에 보았던 전답의 모양과 주변상황을 천장에 그려 보았다.

지금의 중개업자를 조선시대에는 '가쾌'라 하고 집주릅 또는 집 거간이라고도 하였단다. 토지 가옥의 매매를 알선하는 사람으로 집을 사고팔려는 의뢰인은 집주릅에게 중개를 부탁하고 수수료가 따로 정하여져 있지 않았으므로 담배, 고기, 술 몇 잔으로 인사를 대신 받기도 하였다고 했다.

새싹 푸릇한 봄에는 밭으로 답사를 갔다가, 둑에 지천인 하얀 조팝꽃을 한 아름 안아 오기도 하고 여름이면 논을 보러 갔다가 직원들과 물고기를 잡아 점심밥을 지어 먹기도 하였다. 오곡이 익어 가는 계절에는 과수원을 잘 사주었다고 방금 캐어 흙도 채 털지 않은 고구마와 과일을 한 바구니 담아 주는가 하면, 가을 떡을 하였다면서 콩이 반은 섞인 한 움큼의 뜨끈한 떡을 가져다 줄 때는 떡의 온기보다 더 따뜻한 사람의 정이 가슴을 울려오기도 하였다. 낙엽이 떨어진 겨울에는 주로 산을 보러 다녔다. 발목까지 쌓이는 눈 속을 헤

치며 배산임수背山臨水의 위치를 떠 올렸고, 산등성이의 높고 낮음을 보았다. 사주에 '역마살이 있다'는 때문일까? 이 일이 나에게는 천직과도 같았다. 돌아보면 어이없는 생각이기도 하였지만 한때는 이렇게 '멋있는 직업이 또 있을까' 하고 푹 빠져 있었다.

처음 매매 계약서를 작성하고 나의 이름 석 자가 뚜렷한 도장이 찍힌 서류를 양쪽 당사자에게 넘겨주었을 때의 희열은 지금도 잊지 못한다.

많은 계약을 이루어 가는 과정에서는 다양한 가정사史를 듣기도 했다. 부모님에게 받은 토지를 팔게 되어 죄송스럽다고 매도인란에 도장을 찍을 때 손을 부들부들 떨던 중년의 신사, 시집와서 오십 년을 살다 서울 아들네 집으로 간다며 이제는 이승의 고향을 이별하는 것이라고 눈물을 흘리던 할머니, 또 아들 며느리가 이혼을 하게 되어 아파트를 판다는 아주머니의 사연도 있었다.

지금은 도내 '공인중개사' 사업자가 이천오백여 명이나 되고 신규회원도 날로 늘어나니 협회에서는 내가 개업할 시기에는 없던 초보 공인중개사들을 위한 실무교육을 하고 있다. 대다수 남성들의 영역이었던 중개업계도 이제는 유능하고 씩씩한 여성들이 많이 등장하면서 국가 경제 일익을 담당하고 있다는 자부심 또한 크다. '양성 평등'의 현장이다. 과거 여성들에게는 '금녀의 구역'이라고 문호를 개방하지 않았던 곳도 급변하는 현대사회에서는 여성들에게 자아실현의 많은 기회를 부여하고 있다. 이에 발맞추어 우리 여성들도 시대가 요구하는 여성상으로 거듭나야 할 것이다. 요즘에 나는 중개업계에서는 원로 대접을 받는 입장이 되어 때로는 그동안 중개 활동의 체험담과 중개 과정에서의 유의할 점을 알려 주기도 한다. 그동안 부동산에 관한 이론을 익힌다고 익혔지만 지금도 실무와의 괴리감이 있는 것은 끝없는 공부의 길을 일깨워 주기도 한다.

가슴을 설레며 개업을 했던 30대 초반의 젊었던 모습은 간곳없고 거울 앞에는 서릿발처럼 희끗희끗한 머리를 한 내가 서 있다. 세월이 남기고 간 또 다른 나를 보며 조금은 초심에서 멀어진 마음을 다시 잡는다. 이제 앞으로의 시간은 '이웃을 위하여 남은 열정을 다하리라.' 하고.

〈2010년 충북여성문인협회 주관 도민 글 공모 우수상 수상작품〉

어떤 해후

맑은 여름날 더위가 몰려오기 전 아침 햇살은 산과 들을 더욱 푸르게 하고 간간이 불어오는 바람은 마음을 싱그럽게 하였다. 감곡의 매산 정상에 있는 하얀 십자가 앞, 몽매한 인간이 절로 무릎을 조아리고 엎드려 속죄하고 싶은 곳이었다. 성당 건물은 어머니의 팔베개처럼 산자락을 안온하게 감싸고 있었다. 1928년부터 2년여에 걸쳐 지어졌다고 하는 고딕식 붉은 벽돌 건축물, 종탑의 높이는 국내에서 가장 높다고 한다. 6·25한국전쟁 중 인민군 총탄에 맞은 흔적이 아직도 선명하게 남아 있는 것은, 이곳에서 반백 년이 넘도록 사목활동을 하였다는 외국인 신부님의 삶의 편린片鱗들을 보는 것 같았다.

조용한 성당에서 수도복을 입은 그녀를 만난 것은 정말 오랜만이었다. 도내 각 곳에서 혹은 전국에서 모여든 신자들로 붐비는 인파 속에서 순간 소스라치게 놀랐다. 마치 카메라의 줌 인Zoom in 기능처럼 내게 확 다가오는 얼굴 하나, 하얀 베일을 쓴 수녀와 나의 시선이 마주친 것이다. 나는 잠시 기억 속에서 오래된 필름을 찾듯이 놀라움과 반가움으로 멍하니 서 있었다. 무슨 말을 어떻게 해야 할지 모르고 있는 나에게 그녀는 옛날처럼 나의 손을 잡아 주었다.

수녀는 나의 1년 선배였으며, 학창시절 행동을 같이할 기회가 많았다. 전혀 생각지 않은 곳에서 뜻밖에도 수녀님으로 나타난 모습을 보며 문득 이미 가버린 지난날이 어제 일처럼 생생하게 떠올랐다. 어느 날 선배와 함께 마을 어귀에서 하숙을 하시던 총각 선생님 방에 놀러가 과자를 얻어먹으며 다정하게 많은 이야기를 나누었다. 그런데 이튿날 돌변한 모습으로 교문에 서서 후배의 기강을 잡는다고 도도히 목에 힘을 주었던 선배.

빳빳이 풀 먹인 흰 칼라와 양어깨 위로 땋아 내린 단정했던 갈래머리의 추억은 어디에다 묻어 두었을까. 시험 때가 되면 아카시아 향기 그윽한 학교 뒷동산에 올라 곳곳에 자리 잡고 나무그늘 아래 앉아 공부하던 옛일을 잊지는 않았겠지. 그녀의 성품은 옹골차고 당당하였다. 체육시간이나 야외 활동 시간에도 큰 목소리를 내며 운동장을 거침없이 활보하였다. 세상 어느 곳에서도 또랑또랑하고 큰 목소리를 내며 살 줄 알았는데 그녀는 정반대의 길을 걷고 있었다.

언젠가 그녀의 고향집에 갔을 때, 어머니는 딸이 수녀원에서 휴가를 오는 날이면 딸의 머리맡에 앉아 얼굴을 보고 또 보며 밤을 지새우신다고 하셨다. 모녀 상봉의 오붓한 휴가가 끝나고 가는 날, 삽

작 앞에서 논둑길을 내려가는 딸이 보이지 않을 때까지 하염없이 보고 있었단다. 머리를 감추어 싼 베일이 흔들리며 타박타박 걸어가는 뒷모습을 보노라면 애석하다 못해 슬픔이 밀려왔다고 하였다. 그리고 어찌 그리 매정한지 한 번도 뒤돌아보지 않고 끝을 간다고 말을 하며 마침내 눈시울을 적시었다. 흐르는 눈물을 닦으면서 긴 한숨을 내쉴 때 어머니께서 내어온 파르스름한 청포묵이 목에서 넘어가지 않았다.

보통 사람의 삶은, 스스로 선택한 일에 후회를 하기도 하고, 방황하며 절망을 할 수도 있다. 가지 않은 길에 대하여 먼 산의 아지랑이 피어오름 같은 아쉬움을 그리기도 한다. 그런데 기도 속에 푹 잠긴 듯한 선배의 모습은 잔잔한 평온함이 느껴졌다. 누구인가 '인생을 살면서 자기의 모든 것을 헌신할 만한 삶의 목적이나 대상을 발견한 사람은 참으로 행복한 사람'이라고 한 말이 생각났다. 순명을 제일로 하는 삶. 어렵고 힘든, 아무나 쉽게 결정할 수 없는 길. 그녀를 과연 그토록 변하게 한 것은 무엇이었을까. 아무튼 그녀가 선택한 이상 그녀는 순백의 성모상 앞에서 하얀 백합처럼, 굳은 의지로 살아갈 것을 믿으며 끝내 나는 입가에 맴도는 '왜?' 라는 말을 하지 못한 채 군중 속으로 밀려들어 갔다.

어느 하루

공인중개사로서 활동을 시작한 지 삼십삼 년이 되었다. 그동안 매일매일 새로운 일을 경험하고 익혀 왔다. 지나간 많은 날 중에 기억에 남는 어느 하루를 적어 보았다.

1.

봄볕이 따사로운 날이었다. 점심식사 후 사무실이 위치하고 있는 동네를 한 바퀴 돌고 있을 때였다. 얼마 전에 매물로 나와 있는 신축한 지 얼마 되지 않은 집, 지난주에 고객으로 와서 안내를 하였던 여인이 그곳에서 빨래를 널고 있었다. 당황한 것은 나였다. 어찌된 일이냐고 묻는 나에게 그녀는 태연하게 엊그제 이사를 왔다고 하였다. 그 여인은 무지해 보이지 않았고 그녀의 남편은 K초등학교 교감으로 재직 중이라고 하였다. 그날 현장 설명을 하며 평소 잘 하지 않는 '사모님'이라는 호칭으로 존중까지 해 주었는데 이런 황당한 일을 하리라고는 미처 몰랐다. 세밀하게 집을 보고 간 후 연락이 없더니 절차를 무시하고 집주인을 만나 직접 계약을 하고 이사까지 마친 것이었다. 마음을 가라앉히고 차근차근하게 수수료를 지불해야 한다고 이야기하였더니 그녀의 말! "내 목을 빼 가세요." 하는 거였다. 나는 목을 빼올 수가 없었다.

2.

하늘거리는 스란치마를 입은 여인이 방 한 칸을 얻어 달라고 왔다. 대충 그녀의 나이를 짐작하며 보편적이면 '집을 장만하여도 되는데.' 하는 생각을 하였다. 마침 아담한 한옥에 방 한 칸 세를 놓아 달라는 의뢰인이 있어서 계약은 쉽게 이루어졌다. 임대인은 푼푼한 인상으로 세입자도 흡족해하였다. 그런데 이십여 일이 지난 어느 날 임대 의뢰인의 남편이 화가 난 얼굴로 찾아왔다. "뭐 그런 여자에게 방을 소개하였느냐."고 큰소리로 말하였다. 자초지종을 듣고 보니 세를 놓은 방이 대문 앞 문간방이었는데 낮이나 밤이나 속치마 바람으로 왔다 갔다 한다는 것이었다. 아이들 교육에도 안 좋고, 품행이 좋지 않은 여자 같다고 하였다. 안집에 드나드는 이가 못마땅해하는 것도 모른다고 하며 내보내 달라는 것이었다. 알고 보니 그녀는 일본인 현지처였다. 개개인 임차 의뢰인을 모두 살아 보고 세를 놓아 줄 수도 없고 여기까지가 나의 한계임을 절감했다.

3.

L씨와는 몇 번의 일을 중개한 인연으로 좋은 느낌이 있는 관계였다. 그날은 여름날이었다. 사무적인 이야기를 다 끝내지 못하고 남

은 이야기는 자기가 퇴근한 후 자기 집에서 다시 하자며 저녁 아홉 시쯤 그 댁을 방문하기로 약속을 하였다. 그의 부인도 안면이 있던 터였고 여름의 아홉 시는 많이 늦은 시간이 아니어서 시간에 맞추어 아파트의 초인종을 눌렀다. 약속한 시간이었는데 늦게 문을 열어 주는 것은 대학생인 딸이었다. 거실에는 텔레비전을 보던 딸 혼자만 소파에 앉아 있었고 L씨도 그의 부인도 없었다. 방문한 까닭을 모르는 것 같은 딸에게 방문의 이유를 말하고 한참이 지난 뒤였다. 안방 문이 열리더니 홍조 띤 얼굴에 땀을 닦으며 나타난 그의 얼굴, 아랫입술 밑으로 선명한 립스틱 자국이 묻어 있었다. 그는 그것도 모르고 나에게 이야기를 하고 있었지만 마주 바라보고 있는 나는 민망하여 길게 이야기를 더 할 수가 없었다. 짧게 이야기를 마치고 나오면서 어느 부분에서 내가 착각한 것이 있는가 되짚어 생각해 보았다. 만나자는 것도, 시간을 정한 것도 분명히 자기가 약속한 것이었는데, 마치 내가 산통을 깬 것 같은 기분을 떨칠 수가 없었다. 그 후로 몇 년이 지났건만 L씨도, 나도 연락은 두절되고 있다.

작품해설

· 김홍은 충북대학교 명예교수

아름다운 천수天手와 천심天心의 만남

김홍은(충북대학교 명예교수)

예술의 생명은 감동으로 남겨 놓는 진선미이다. 수필문학은 인생의 진솔한 삶을 인생철학으로 들려주는 고백문학이다. 우주만물을 통찰한 체험의 사색으로 의미화한 작가의 생각을 문자로 담아낸 마음의 표현이다. 수필은 다른 장르에 비하여 희로애락喜怒哀樂의 감동을 주는 글이다.

신현애 수필가는 이순의 고개를 넘어 남다른 자신의 삶을 뒤돌아보며 들려주는 인생사로 바르게 가는 지름길을 알려주기도 한다. 때로는 눈물겨운 슬픔을 안으로 삭이면서 조용히 참회하는 심정을 들려주는 침묵의 언어들이다. 남성적인 기질의 성품으로 누구에게도 뒤쳐져서는 안 되는 앞서가는 고달픈 현대여성으로 겸손함을 종교와 문학예술로 승화시켜 그 빛을 발하고 있다. 아마도 그 내면에는 환경이 그를 현실로 바꿔놓았을 것이다. 적극적이면서도 꼼꼼하고 빈틈없는 삶으로 다듬어진 여성의 미를 겸비하고 있다.

수필은 글을 쓰면서 작품을 통하여 자신의 삶을 성찰하는 문학이다. 신 작가의 글을 읽다보면 깔끔하면서도 정갈한 언어들로 군더더기가 없는 섬세한 문장들이 어쩌면 여름날 소낙비가 지나간 후의 시원함 같은 감성으로 다가온다.

《풍경 소리》 수필집은 겨울 산을 오르는 것처럼 상쾌함으로 사색하는 작가의 마음이 잘 들어나 있으며 갈고 다듬은 세련미가 배어있다.

1. 산에서 얻는 삶의 철학

산은 그리운 어머니의 포근한 품속 같다. 슬픈 때나 기쁠 때나 외로울 때나 산은 항상 받아준다. 얕은 산은 얕은 대로 높은 산은 높은 그대로 말은 없어도 변함없이 마음을 다 품어준다. 산은 어머니요, 우리의 스승이다. 인내하며 살아가는 생각을 가르쳐주고, 용서하는 마음을 배우게 하고, 사유思惟하는 값진 인생철학을 일러준다. 신현애 수필가는 산으로부터의 마음을 이렇게 들려주고 있다.

> 산을 오르는 것은 인생살이와 비슷하다고 생각해 본다. 높은 산이나 낮은 산이나 내가 올라갈 때 내려오는 이가 있고, 내가 내려올 때 올라오는 이도 있다. 나보다 먼저 오르는 이를 보고는 조급

해지는 마음이 생기고 내가 내려올 때 올라오는 이를 보며 자만自慢한 마음이 들기도 하였다. 사람의 좁은 마음과 얄팍한 심사를 산은 타이르고 교훈을 주는 것만 같다.

'무엇에 비교하지 말고 분수에 맞는 너의 길을 꿋꿋하게 가라.'

'누구에게나 자기의 길이 있다.'라고….

젊은 시절 목표를 세우고 노력을 했음에도 이루지 못한 것이 있고, 예상하지 못하고 간 산행에서 비를 맞고 돌아온 적도 있다. 무리하여 정상에 오르려다 발목을 다치기도 했고, 장도에 오르는 원정대처럼 만반의 준비를 하고 떠난 산행에서 미끄러지기도 하였다.

– 〈산〉 중에서

누군가는 '산이 거기에 있기에 오른다.'라 하였고, 남의 산에 있는 돌이라도 나의 옥을 다듬는 데에 소용이 된다는 타산지석他山之石을 떠올리게도 하지만, 산은 높고 물은 길게 흐른다는 산고수장山高水長의 뜻이 담겨있는 덕의 의미를 풀이해서 들려주기라도 하는 듯하다. 화자는 '사람의 좁은 마음과 얄팍한 심사를 산은 아우르며 타이른다. 무엇에 비교하지 말고 분수에 맞는 너의 길을 꿋꿋하게 가라고….' 이렇게 교훈을 준다.

많은 사람들이 산을 오르고 내려오지만, 산은 우리에게 저마다의 느낌을 준다. 어느 시인은 '내려올 때 보았네 오를 때 못 보았던 그 꽃, 오를 때 못 보았던 그 꽃, 내려올 때 보았네'

신현애 수필가는 '높은 산이나 낮은 산이나 내가 올라갈 때 내려오는 이가 있고, 내가 내려올 때 올라 오는 이도 있다. 내가 오를때 내려오는 이를 보고 조급해지는 마음이 생기고, 내가 내려올 때 올라 오는 이를 보고 자만自慢한 마음을 가져보기도 하였다.'라고 그의 심정을 솔직히 털어 놓았다. 그러면서 자신의 성찰省察하는 가르침을 산으로부터 깨닫고 있음을 들려주고 있다.

자만심은 스스로를 교만하게 만들고 이는 결국 비운이 따름을 가르쳐주고 있음과 사람이 살아가는 삶의 도道를 지킬 줄 알아야함을 넌지시 일러준다. 도는 사람을 멀리 하지 않으나道不遠人 사람이 도를 멀리하며人遠道, 산은 속세를 멀리하지 않으나山不離俗 세상이 산을 멀리한다俗離山는 자연의 도를 깨닫게 한다.

수필은 오감을 통한 시각과 청각으로부터 들려줌으로 감동을 받게도 하고 있지만, 체험으로부터 사유思惟한 삶의 지혜를 느끼게도 한다. 자만의 훈도를 산을 통하여 일깨우고 있다.

2. 감동을 주는 마음의 손

사람이 일생을 살아가는 동안 많은 손과 마주치게 된다. 정다운 손, 따듯한 손, 고마운 손, 착한 손, 미운 손들을 느끼게 된다. 누구나 따듯한 손, 착한 손이 되고 싶어 하는 생각을 마음으로는 알고 있지만 실천하기가 어렵다. 인류가 모두 남을 위해 기도하는 손, 예수님의 손, 부처님의 손은 될 수 없을까.

화자는 어느 날 장애인 이희아 양의 피아노독주회에 갔다가 감동된 심정을 이렇게 들려주었다.

> 나라의 경제가 어려울 때 희망을 주제로 마련한 공연이었다. 알다시피 그녀는 손가락이 네 개뿐이다. 그녀는 짧은 다리로 걸어 나와서 인사를 하고 피아노 의자에 간신히 올라앉았다. 그녀는 네 손가락뿐인 손으로 피아노 건반을 물결처럼 유유히 때로는 힘차게 두드리며 연주하기 시작했다. 분노인 듯 평화인 듯 음악은 곡선을 탔다. 깊어가는 어둠 속에서 흐느끼듯 멜로디를 펼쳐놓는가 하면, 악조건인 신체의 결함을 이겨낸 절규이듯 악상을 온몸으로 표현해 냈다. 그녀의 손가락으로 연주한 곡들은 감동을 넘어 위대한 인간 승리 그 자체였다.
>
> – 〈가슴을 울린 손가락〉 중에서

손가락이 4개뿐인 장애자의 손으로 피아노를 연주하는 모습을 보고 묘사한 문장의 표현은 마치 피아노의 음률이 은은한 물결처럼 황홀하게 울려오는 듯 가슴이 저려든다. 손은 사람의 마음을 대신하여 움직임에 따라 감동을 주게 된다지만 어려움을 극복한 그 손이야말로 좌절하는 세인들에게 꿈과 희망을 일깨워 주는 하늘로 부터 받은 천수天手가 아닐까. 화자는 연주하는 모습에서의 느낌을 '그녀의 손가락으로 연주한 곡들은 감동을 넘어 위대한 인간승리 그 자체였다.'고 함에서 기립박수와 눈물이 젖어들게 하고 있다.

> 연주를 듣는 내내 주체할 수 없는 눈물이 볼을 타고 흘러내렸다. 나는 이희아 양의 어머니를 꼭 만나 보고 싶었다. 그녀를 가까이서 보고 말을 하면서 위대한 그녀의 손을 잡아 보고 싶었다.
>
> 두 모녀를 보려고 쏟아져 나가는 인파를 피하며 한편에 비켜 서 있었다. 드디어 그녀의 어머니를 만날 수 있었다. 무슨 말이 필요하랴. 아직 멈추지 않은 눈물을 닦으려 할 것도 없이 그녀의 손을 한참 꼭 잡고 있었다. 그녀의 손가락은 뭉툭하고 아무런 치장도 되어 있지 않았다. 희지도 가녀리지도 않았다. 그녀의 삶이 그대로 스며 있는 손이었다. 예쁘게 다듬어지지 않았지만 이제까지 내가 보아온 어떤 손보다 예쁜 손이었다. 영혼 깊숙이 느껴오던 손, 가슴을 울린 손가락의 느낌을 오래 잊을 수 없을 것 같다.
>
> — 〈가슴을 울린 손가락〉 중에서

깨어나는 천사의 영혼을 고요히 품고 딸에게 혹독한 연습을 시켰을 부모의 마음도 네 손가락으로 이를 따라준 그 어린 마음도 훌륭하다. 딸의 정신을 불러 일으켜 세워준 어머니의 손을 잡아 주며 용기를 주는 화자의 인정도 아름답다. 누군가를 용서하여 주지 못하던 마음, 미워하던 마음, 욕심을 부렸던 마음을 모두 내려놓고 많은 사람들을 감동시켜준 따듯한 어머니의 손을 잡아보려고 기다리는 마음이 정답게 다가온다.

음률로만 가득하던 공연장은 파도가 밀려가듯이 쏟아져 나가는 인파 속에 기다렸다가 손을 잡아보고 싶어 하는 마음의 손으로부터 감동이 남다르게 느껴져 온다.

감동은 마음과 마음의 연결에서 이어지는 인간애의 값진 사랑이다. 감동은 희망으로 마음을 움직여 주는 열정의 힘을 만들게 한다. 손과 손의 교감은 용기를 갖게 하는 맑은 샘물 같은 아름다운 천심이다. 인정어린 진솔한 문장의 표현에서 오랜 감동으로 젖어들게 하고 있다.

3. 눈물겨운 노력과 인내의 세월

사람이 살아가는데 경쟁심이 없으면 성공하기가 어렵다. 오기傲氣는 하나의 경쟁심이다. 어떤 계기가 되었던 오기를 부리게 됨으로 새로운 각오가 생기게 마련이다. 남으로부터 받게 되는 언어의 충격은 마음의 상처가 될 수 있지만 오기심을 부리게 할 수도 있다. 그 아픔을 상처로 남길 때는 서로간이 멀어지고 만다. 이를 깨우침으로 받아들여 성공으로 이끌어 승화시켜놓을 때 그 사람은 아름다운 인성을 지닌 혜인慧人으로 느껴진다.

삼십 오년 전 공인중개사 제도가 시작되면서 진로가 유망하다는 광고를 믿고 '공인중개사' 자격증의 열풍에 떠밀려 기초도 없이 도전하기에 이른다. 기본 교본 12권으로 민법, 공법을 비롯하여 법에 관한 용어들로 몇 장을 넘기다 포기하고 말았다. 이 와중에 남편과의 불협화음이 일어났다. 부군은 출근을 하며 한마디를 툭 던졌다. 그 한마디는 크나큰 마음의 상처가 되었음을 실토한다.

> 어느 날 남편과 리듬이 안 좋던 날인가 보았다. 출근하던 남편이 한마디를 툭 던졌다. '공인중개사 시험에 합격하면 손에 장을 지지겠다.'고. 그 말을 듣는 순간 나는 주저앉듯이 소파에 앉았다. 언젠가 영화에서 본 지구가 처음 만들어지던 날, 온 천지를 뒤덮는 굉음과 짙은 어둠은 혼의 지축을 흔들어 놓았던 장면이 떠올랐다. 부부가 살다 보면 좋은 말만 하고 살 수 없고 충돌이 있을 수 있지만 그날 남편의 말은 나를 송두리째 펄펄 끓는 용광로에 빠뜨려 버렸다. '어떻게 이 난관을 헤쳐 나갈까?' 정신을 가다듬으며 결코 이대로 갈 수는 없다는 결론에 이르렀다. 그러나 오랫동안 손에서 책을 놓았던 삼십 대 초반의 아줌마가 도전하기는 너무나 큰 산이었다.
>
> – 〈공인중개사〉 중에서

아침에 남편이 출근하면 자신도 도시락을 두 개 싸서 도서관과 대학교 빈 강의실을 찾아갔다. 매일 두 곳의 학원을 섭렵하며 코피를 쏟아가면서 공부에 열중했다. 여름날 푹푹 찌는 더위와 발목까지 빠지는 눈 쌓인 겨울밤에도 계절은 자기와 관계없이 지나갔고, 때로 감정에 치우쳐 마음의 중심이 흔들릴 때도 있었다. 하지만 밤 열시가 넘은 시간에 물먹은 솜처럼 지쳐 집에 올 때도 남편이 한 말을 생각하면 정신이 번쩍 났다고 하였다.

이처럼 피나는 노력은 기어코 성공에 이르게 된다. 어쩌면 목표를 향하여 자신과의 행하는 고행은 깨달음을 안겨다주게 마련이다.

인생에 있어서 어떤 간절한 목적을 달성하여 이룩하였을 때의 성취감이란 당사자만이 느끼게 되는 최상의 감동일 것이다. 어떤 인생의 목적을 세워 전진하고 있을 적에 수없는 고통을 인내로 이끌어간다는 것은 보통의 의지를 갖고 있지 않고는 성공하지 못하는 게 대부분이다. 그러나 화자는 중개사 자격증을 기어코 취득하기에 이르렀다. 그 원인의 결과를 만들어준 것은 부싯돌에 의해 쑥에다 불을 붙게 만들어준 인내를 갖게 한 마음과 이를 참아내며 서로가 보듬어 안은 부부간의 사랑이 있었음이다.

> 명치끝에 박혀버린 남편의 말은 낮에는 나를 곧추세우느라 힘들었고 밤이 되면 더 아파왔다. 그럴 때마다 '시험에 안 되면 남편과 이혼을 한다.'는 각오를 하고 이를 물었다. 살아오면서 그 순간처럼 위기감을 느껴본 적은 다시 없었다. 몇 번을 포기하고 싶은 시간을 보내고 더 이상은 할 수 없다는 지점에 이르렀을 때 시험을 보았

다. 출구가 보이지 않을 것 같던 긴 터널에서 간신히 빠져나온 느낌이었다. 그 해방감에 마라톤 선수가 완주를 하고 났을 때처럼 쓰러지듯이 바닥에 누워 버렸다. 오랜만에 보는 하늘은 높고 푸르렀다. 며칠 뒤에 드디어 도청 게시판에 합격자 명단이 게시되었다.

– 〈공인중개사〉 중에서

엄한 스승은 부모님과 같고 부부는 행복을 서로가 만들기 위해 받쳐 주는 지지대이다. 사람은 일평생 훌륭한 스승과 동반자를 만나다는 것은 참으로 어려운 일이다. 신현애 수필가는 사모하여오던 은사님을 남편으로 맞이한 남다른 부부의 사랑이다.

중국의 사마광司馬光은 경서經書를 가르치는 스승은 만나기는 쉬우나 사람을 인도하는 스승은 만나기가 어렵다. 라고 한탄을 했다한다. 사람이 살아가는데 훌륭한 스승을 만나기도 어렵지만 부부의 연을 맺고 일평생을 살아가는 일은 더욱 어려운 일이건만, 스승을 남편으로 맞이한 삶에는 그 무엇이 더 부러웠으랴. 인간의 심리는 하나를 얻으면 둘을 갖고 싶어 한다.

한비자는 '당신은 옥을 귀중한 보물로 삼지만, 나는 옥을 받지 않는 당신의 마음을 귀중한 보물로 삼는다.'라는 글이 있다. 아마도 스승은 제자가 존경과 사모하는 아름답고 고운 마음의 감동으로 인생을 누리며 생활하였으리라.

화자의 글을 읽으며 안수정등岸樹井藤의 화두가 생각난다.

한 사람이 드넓은 광야를 걸어가는데 갑자기 코끼리 한 마리가 나타나 사납게 달려들었다. 힘을 다해 도망가다 언덕 아래로 축 늘어진 등나무넝쿨을 발견하고 이를 붙잡고 우물 속으로 겨우 몸을 피해 내려갔다. 우물 밑을 보니 커다란 이무기 세 마리가 내려오면 잡아먹으려 입을 벌리고 기다리고 있다.

등나무 넝쿨을 붙잡고 위를 올려다보니 위에는 독사 네 마리가 혀를 날름거리며 기다리고 있다. 내려가지도 다시 올라오지도 못하고 있는데 넝쿨을 붙잡은 팔에 힘도 빠져 갔다. 순간 등나무넝쿨 윗부분을 흰 쥐와 검은 쥐가 번갈아 갉아먹고 있다. 진퇴양난의 위기에 처한 상태에 어디선가 향내가 나며 액체 한 방울이 얼굴로 떨어졌다. 혀로 핥아 보니 꿀이다. 나무 위에 지어놓은 벌집에서 꿀이 한 방울씩 흘러내리는 것이다. 이 사람은 조금 전까지 두려웠던 상황을 까맣게 잊고 떨어지는 꿀 한 방울을 받아먹으려고 온 정신을 집중하였다 한다. 이 같은 역경을 이겨낸 신현애 작가는 드디어 고통의 결실인 도청 게시판에 합격자 명단이 등재된 영광을 맛보게 된 눈물겨운 노력과 인내의 세월을 그려놓음이 감동을 준다.

〈목마름〉 작품은 대학 입학에서 졸업에 이르기까지의 4년간 힘들고 어려웠던 기억들을 회상한 이야기다. 아흔 명이 입학을 하였으나 졸업은 단 다섯 명이 학사모를 쓴 영광스런 심정을 쏟아 놓았다.

중간고사 시험을 준비할 때는 아침 일찍 독서실 깊숙한 자리를 잡았다. 책 속에 파묻혀 있으면 시간이 언제 가는 줄 몰랐고, 세속의 잡다한 상념들이 간곳없었다. 마치 맑은 정신이 호두알처럼 여물어 가는 느낌이었다. 익숙하지 않은 자세에 피로하거나 몸이 아픈 날은 널브러져 있는 책 위에서 잠이 들기도 했지만 전력全力을 다해 집을 짓는 누에처럼 진액을 뽑아내려고 애를 썼다. 늦은 밤, 두둑한 책가방을 들고 학습관을 나올 때면 무엇인가 해 보고자 노력했던 하루에 스스로를 위로하기도 하고, 때로 목표했던 과제가 잘 되지 않으면 난기류를 만난 항공기처럼 몹시 흔들리기도 하였다.

법학과 4학년, 학기 중 현장체험을 한 일은 지금도 생생하게 떠오른다. 견학한 헌법재판소 건물의 위용은 대단하였다. 그 건물 안에는 헌법연구관을 비롯하여 사법고시, 행정고시 출신자들이 일백여명이 상주해 있다는 말에 더욱 놀라기도 하였다. 우리 고장, 보은군 신정 유스호스텔에서의 수련회, 전국 법학도들이 모여 1박 2일 연수를 하면서 모의 법정도 체험하였다.

새로운 각오와 희망으로 입학을 하고 시험 때가 되면 더 하지 못한 공부에 애를 태웠던 시간이 흘러가고 졸업을 하게 되었다. 졸업시한이 십 년인데, 법학과에 아흔 명이 입학하여 4년 만에 다섯 명이 졸업을 하였다. 눈비가 섞여 흩날리던 졸업식 날, 서울로 상경하는 버스 창가에 앉아 창밖을 보니 스쳐 지나가는 사물들이 열심히 공부하며 보낸 시간처럼 느껴졌다. 동숭동 대학본부 교정 졸업식장에는 각처에서 올라온 졸업생과 축하객들로 발 디딜 틈이 없었다.

드디어 검은색 긴 가운을 입고 학사모를 썼다. 교가校歌가 불려질 때 볼을 타고 흘러내리는 것이 진눈깨비인지 눈물인지 분간이 안 되었다. 먼발치에서 본 총장님과 여러 교수님들께 진정 감사의 인사를 하였다. 십칠 년 전의 일이다. 이만큼 와서 돌아보니 늦은 듯했지만 그때, 참 잘했다는 생각이 든다. 더딘 걸음이었으나 헛되이 보낸 시간이 아니었음을….

고뇌했지만 행복감으로 취해 있던 소중하고 아름다운 날들이었다. 방송대는 마중물이 되어 나의 목마름을 풀어주었고 내 인생에 밑거름이 되었다.

– 〈목마름〉 중에서

4. 세월은 어찌 이리도 야속한가

낚시 하면 우리는 흔히 '강태공이 곧은 낚시를 하고 있나 보다.'라고 한다. 이는 세월을 낚는다는 의미로 수양을 뜻하기도 한다. 낚시로 때를 30년이나 기다리다 주나라 문왕을 만나 국사國師가 되었다는 고사로, 가난에 못 견뎌 집을 나간 부인이 다시 돌아와 맞아줄 것을 간청하였을 적에 강태공은 물그릇을 쏟고 다시 그물을 그릇에 담아보라覆水不返고 하였다는 이야기를 떠올려진다.

> 익숙한 솜씨로 떡밥을 주무르고 지렁이도 태연하게 만지는 남편의 손, 밤낚시를 하고 첫새벽에 들어올 때는 머리에 송알송알 이슬을 이고 왔다. 등에 메고 온 낚시 가방의 무게는 어찌나 무거운지 나로선 들 수조차 없었다. 장화를 신은 발에서는 코를 찌르는 냄새에 질식할 것만 같았고 꾀죄죄한 행색은 말이 아니었다. 태양이 뜨겁게 내리쬐는 여름날, 땡볕에 우두커니 앉아 찌의 움직임만을 하염없이 바라보는 일은 내가 보기에는 고행이나 다름없었다. 하고 많은 취미생활 중에 하필 "지저분한 낚시를 해요?" 하고 무척이나 못마땅해하였다.
>
> – 〈낚시〉 중에서

화자는 돌아보면 옛이야기 같기만 하다며 생각해보면 남편이 가장 희열에 차 있던 시절이기도 했다라고 들려준다. 그때 아내로서 뭐가 그리 바쁘던지 한 번도 동행하지 못했음을 실토를 한다. 돌이켜 생각해 보면 후회가 된다며 시간을 되돌릴 수 있다면 좋겠다는 마음속에는 인생의 한 고개를 넘고 있음을 넌지시 들려줌이다. 이제는 남편도 낚시가 시들해졌음을 화자는 말하고 있다. 이제는 '즐거운 마음으로 낚시가방을 들고 따라나설 것이다. 남편이 찌를 드리우면 나는 한옆에서 매운탕을 끓일 준비를 할 거다. 손가락 사이로 빠져 나간 물살 같은 지나온 시간을 이야기 하면서….' 어찌 세월은 이리도 야속하단 말인가. 인생의 무상함만이 쓸쓸히 밀려감을 회상으로 들려주고 있음이 안타까움으로 남아돈다.

> 남편이 낚으려 했던 것은 고기만이 아니었을 것이다. 긴 여행에서 멀미를 하듯 수면에 비치는 하늘을 보며 가뭇한 세월의 그리움을 떠 올리며, 수초 사이로 숨바꼭질 하는 붕어와 흘러가는 흰 구름과도 친구 하였으리라. 어쩌면 심드렁한 일상을 체념한 패를 던지듯이 낚싯줄을 던졌을 것이고, 한 마리 붕어를 낚아 올리듯이 순간의 일탈을 꿈꾸었을지도 모른다. 얼음장 밑으로 흐르던 물이 녹아내리고 출조出釣하기 좋은 계절이다. 할 수 있다면 의기양양하던 남편의 낚시하는 모습을 다시 한 번 보고 싶다.
>
> – 〈낚시〉 중에서

화자는 부부로 살아오면서 자신의 일에 치우쳐 있었음에 주변의 생활을 깊이 있게 깨닫지는 못하였을 것이다. 공인중개사 활동하랴, 때늦은 대학교, 법무대학원에 이르기까지 공부하러 다니랴 바쁜 생활을 하지 않았던가. 이런 처지로 그 당시는 남편의 낚시여행은 이해를 못하였을 지도 모른다.

중국 초나라 대부인 섭공葉公이 자로子路에게 공자가 어떤 사람인지를 물었을 때 자로가 대답을 하지 못하였다 한다. 공자는 이 말을 듣고서 자신의 이야기이기는 하지만 자로에게 이렇게 설명을 할 수는 없었느냐고 얘기해 준다.

"그 사람은 배움을 좋아하여 알고자 하는 마음이 생겨나면 밥 먹는 것조차 잊어버리고發憤忘食, 배움을 통해 알게 되면 그 즐거움으로 인해 근심조차 잊어버릴 정도다樂以忘憂."라고 들려주지 못했느냐.

신현애 작가는 남편의 훌륭한 점을 인정하지도 말하지도 않는다. 남편은 고기를 낚는 즐거움도 있었겠지만 인생의 세월을 낚고 있었음을 왜 몰랐던가. 지난날을 뒤돌아보며 이제서 이해하는 마음이 독자의 가슴에 그저 안타깝게 와 닿는다.

맺으며

신현애 수필가는 자기수양을 종교와 함께하는 기도 속에 자기성찰을 늦추지 않는 노력가이다. 좋은 글을 쓰려는 욕망이 가슴 속에 갈고 닦는 정신으로 담겨있다. 작품이 인생의 체험을 바탕에 둔 사색의 언어와 문장으로 세련미가 스며나고 있다. 그러나 글이 자신의 내면을 감싸고 있어 독자와의 정감어린 소통이 다소 이루어지지 않고 있음이 아쉽다. 수년간 노력한 흔적이 문장으로부터 깔끔함이 돋보인다. 다음부터는 좀 더 정이 묻어났으면 하는 바람이다.

풍경소리

신현애 수필집

초판인쇄 2018년 5월 21일
초판발행 2018년 5월 30일

지은이 신현애
펴낸이 노용제
펴낸곳 정은출판
주 소 서울특별시 중구 창경궁로 1길 29 (3F)
전 화 02-2272-9280
팩 스 02-2277-1350
이메일 rossjw@hanmail.net
ISBN 978-89-5824-364-9 (03810)

값 12,000원

· 이 책은 충청북도와 충북문화재단의 지원을 받아 제작되었습니다.